不忧昨日，不期明日

林清玄 著

LINQINGXUAN

中国工人出版社

图书在版编目（CIP）数据

不忧昨日，不期明日 / 林清玄著.—北京：中国工人出版社，2016.10
ISBN 978-7-5008-6567-4

Ⅰ.①不…　Ⅱ.①林…　Ⅲ.①散文集—中国—当代　Ⅳ.①I267

中国版本图书馆CIP数据核字（2016）第251709号

本著作物经北京阅享国际文化传媒有限公司代理，由九歌出版社有限公司授权，在中国大陆出版，发行中文简体字版本。

不忧昨日，不期明日

出 版 人　芮宗金
责任编辑　刘广涛
责任校对　董春娜
责任印制　黄　丽
出版发行　中国工人出版社
地　　址　北京市东城区鼓楼外大街45号　邮编：100120
网　　址　http://www.wp-china.com
电　　话　（010）62005043（总编室）
（010）62005039（出版物流部）
（010）62379038（社科文艺分社）
发行热线　（010）62005049　（010）62005042（传真）
经　　销　各地书店
印　　刷　三河市东方印刷有限公司
开　　本　880毫米×1230毫米　1/32
印　　张　8.125
字　　数　170千字
版　　次　2017年5月第1版　2019年3月第4次印刷
定　　价　38.00元

序言

P R E F A C E

一瞬大千

每天旭日初升的时刻，一对白头翁就会飞来阳台的朱槿花上唱歌，或者在花上吃花蜜，或者在水盆里洗澡。

它们的歌声清雅嘹亮，不像鸽子那么喑哑，也不像麻雀那样吵杂。

它们也不怕人，总是自顾自的唱歌，一声大过一声，有时细眯着眼，看着在旁边喝茶的妻子和我，仿佛在问，好听吗?

未等到我们的回答，它们便翅膀一拍，腾空而起，飞向远方的山林。

看着小鸟远去的背影，留下了一则无声的讯息："是日已过，明日再会。"

我们和小鸟有个约会，在明天太阳升起的时刻。

我们和春天有个约会，在百花盛开的时节。

我们和有缘的人有个约会，在广大的时空中必会相逢，我们会细眯着眼睛，互相探询内心的消息。

遗憾的是，我们不像小鸟那样单纯、那样坚定，我们总是纵使相逢应不识，情已逝，心如霜。不要说确信三生三世，不要说记得前世今生，若能确定明日的一饮一啄，了知心中的一小段歌诗，就能定格那幽微的幸福了。

遗憾的是，青春的日子亦如小鸟，一只一只的飞去了。你可以追忆，却不能重返，或者有憾，或者无情，或者情深缘浅，或者缘尽情了……就如同退潮的海岸，泯没了昨日的足迹。

昨日，我是否全心全意地活过？明天，我是不是能尽情尽意的活着？

我把眼前的一杯茶一口饮尽，思及禅师说的语意：喝茶的时候喝茶，不要百般需索；吃饭的时候吃饭，不要千般计较。

只要在时空交会的此刻，看见那一瞬的美，体会这一刹那的深情，安住于此一当下的心境，一瞬即是安顿，一刹就是止息，当下一切无忧！

“穿越”不可解的迷思

这个世界迷恋“穿越”已经很久了，中国在近几年特别着迷。

在时光中穿越，一直是人的梦想。我们梦想能回到遥远的过去，与许多生世的情人会面；我们也梦想能飞越太空，在另一个星系，与有缘的人相逢。

时空穿越有两个不可解的迷思，一是在渺渺大千中，如何精确地回去那一个节点，若找不到那个节点，一错永错，连“现在”都会在时空失落。

更严重的是，你回去的那一个定点找到你爱的人，原来的你又何在？在时间的轴线，不可能有两个你同时存在；在空间的梭线，不停止的流转，也不可能有同一定点的你。

你与你在小路上相逢，识与不识？唯一的可能，是“梦”与“现实”，而不是穿越。

曾经在现实失落的，只有在梦里找寻，而在梦里失落的，又要在何处找寻呢？

“穿越”实不可能，只是透过想象对现实人生的安慰罢了。

一瞬连着一瞬的人生，是连“穿越”的空隙都找不到的！

决定性的瞬间

记得以前读大学的时候，教我们摄影的日籍教授曾说过，摄影最重要的是“决定性的瞬间”。

“决定性的瞬间”就是按下快门的一刹那，是摄影者全生命的凝聚，掌握时空错落的一刻，“相会一刹那，转身即天涯”。

不会摄影的人，按快门如乱枪打鸟；善摄影的人，一击即中。

在四十年前专注于摄影并不简单，用的是手动相机、进口的柯达幻灯片，拍完照片，要把胶卷寄回柯达的美国公司，冲洗好再寄回台北，来回一月有余。

一个多月之后，看到照片，才知道那“一瞬”的捕捉有多么重要。没有捕捉的一瞬，就永远失去了。

人生亦然如此，如同火车的分轨之处，我们失去的一个交会点，一生就可能展向两头了。

前念后念，不相顾望呀！

在生命的观景窗，向外抓住人我相会的一瞬；向内，则倾宇宙之力，活在眼前的一瞬。

来则应，去则不留，唯有当下的一瞬，饱满、热切、充满能量，才是生命安心的所在！

似水年华的美好时光

人生能有多少个一瞬呀！

青年时代，总是觉得时间还很长，到了六十岁，才感到“来日方短，去日苦多”，一瞬少过一瞬。

幸喜的是，透过写作，时间有了许许多多的定格，在某一个时刻，灵感来临，“来如春梦不多时，去似朝云无觅处”，留在心版，也留在书册，成了似水年华中的美好时光。

那确定的一刻，不忧昨日，不期明日，成为作家幸福的一瞬。

林清玄

二〇一七年春日

外双溪清淳斋

目录

CONTENTS

上篇
此刻丰盛

目录

中篇

比云还闲

C O N T E N T S

下篇
味味一味

不忧昨日，不期明日

上篇

此刻丰盛

昨天的丰盛，对于今天的饥饿是毫无意义的；

今天的丰盛，对于明天的饥饿也是毫无意义的。

最重要的就是在此时此刻丰盛，

也就是要活在眼前。

回归今生今世

我在慈济功德会所办的一次演讲会上，见到了八十六岁的老作家谢冰莹女士，她在自己登五楼的楼梯。我跑过去说："谢教授，我来扶您。"她说："你不要扶我。你扶我，我就不会走了。"我站在那里非常感动，不知道自己八十六岁的时候能不能像她这样，不要人扶，向前走去。

舞蹈家玛莎·葛兰姆九十六岁时还率团来台表演，亲自出场谢幕，令人看了肃然起敬。我如果活到九十六岁的时候，不一定会有她这种勇气，从美国飞越大洋来演出，亲自谢幕，开记者会，谈论她的艺术。

玛莎·葛兰姆舞蹈团第一天表演结束后，"文建会"安排了一位摄影家到后台去看玛莎·葛兰姆这位可敬的女士，这位摄影家就是百岁高龄的郎静山。当他们两人在后台见面握手的时候，所有的人都站起来表示敬意。

听听这两个年岁加起来一百九十六岁的老人的交谈：

玛莎·葛兰姆说，她希望将来还有机会率团来台湾演出。郎静山先生则说，希望继他的百岁摄影回顾展之后，明年再开一个展览。那一刻，看到他们对今生今世的态度是那么踏实，觉得真是了不起！

这三位长者有一个不为人知的特质，那就是他们都有虔诚的宗教信仰。谢冰莹和郎静山是虔诚的佛教徒，玛莎·葛兰姆则是虔诚的基督徒。从他们身上看来，宗教确实是对人生有益的。

倘若你不能从宗教得到实益，那不是宗教的问题，而是你自己有了问题。可能是你对人生、宗教的态度出了问题。佛教徒常讲“不要落于两边”，“两边”就是“空”跟“有”。修行是“空”，“有”是只知生活、只知衣食住行而不知内在是可以不断改革、开发的。落于“空”或“有”的任何一边，都是问题。不要落于两边，唯有靠改革与创造。

好好珍惜眼前的生活

我去民权东路的殡仪馆参加一位朋友父亲的丧礼。丧礼上每个人都很哀伤，气氛沉闷。每次参加丧礼之后，走到殡仪馆门口，我都会做个深呼吸。

啊！当我深呼吸的时候，我就感谢！能够深深地吸一口气，是多么值得感恩的事情。

然后我从民权东路的殡仪馆散步到亚都饭店的咖啡厅，去喝一杯咖啡，以证明自己的存在。亚都饭店的咖啡厅很好，是十八世纪的欧洲风格。坐下来好好地品尝一杯咖啡，我的心里充满了感恩。今天我还能坐下来好好地喝一杯咖啡，是多么值得欢喜的事情。因为，一百年以后，我会和这位朋友的父亲一样，不会活在这个世界上了。这样想来，人间的事情就会变得比较美好。

好好地喝一杯咖啡，好好地读一本书，好好地听一段音乐，甚至好好地吸一口气，都是值得感恩的。

如果现在连好好地吸一口气、好好地喝一杯咖啡都做不到，到了百年的时候，就会非常遗憾了。

我们总是觉得极乐世界非常遥远，要越过很多的时空才能到达。其实，远近并不是问题。有的人在远处，却很快抵达；有的人在近处，却很慢抵达。

记得我读小学的时候，班上最会迟到的那个人就住在学校对面。正因为他每天都想“只要一分钟就走到学校了”，所以他总是睡到超过那一分钟。我们一群住得很远的孩子，每天可能要四十分钟的路程才能走到学校上学，但是我们都是提早二十分钟到学校，因为我们自知路远，会提前一个小时出发。

远近不是问题，这使我们知道，好好地珍惜眼前的事情是非常重要的。

民权东路是一条很有意思的路。殡仪馆的旁边是荣星花园，每天都有情侣到这个花园拍结婚照。再走几步就是行天宫，人们到这儿求财、求考试中榜、求婚姻美满、求平安、求子……走完这一段生、老、病、死的路程，只需要短短的十分钟。

如果从一个大的观点来看，人的生死就像十分钟那么短暂。如何在这么短暂的时间之内，用很快、很即时的态度抵达我们所要抵达的地方？唯有二十四小时全人格地修行。

假使只注重极乐世界，而忽视现实的人生，就是一种断灭的相。佛经里说断灭相是不好的。相反地，如果只注重现实的世界，而忘记了过去与来生，也是一种断灭的相。这种断灭的相，随时随地都在生活中展现着，常使我们觉得：唉！遥远的东西比较好，极乐世界比较好，这里比较不好。就像我们看电视上的速食面广告，都觉得看起来很好吃，赶快买一包回来，真的吃到口，才发觉不像看起来那么好吃。因为电视广告造成我们的一种向往，和真实有差距。

有一次，我送一个朋友一本《阿弥陀经》。《阿弥陀经》里面记载了很多极乐世界的情形，说极乐世界里是黄金铺地，莲花大如车轮，有七宝楼台，空中音乐飘送，天上下的不是雨而是花，小鸟都在为我们说法。

我的朋友读完这本经以后，跟我说："我不想去极乐世界，因为我想住在有草的地方；如果是黄金铺地，太可怕了，走起路来都是喀喀喀的，心情会很紧张。我也不希望音乐每天从早到晚不停地播放，需要的时候才有音乐会比较好。不希望鸟每天对我们说法，鸟只要唱歌就好了。"

这也是一种观点。我们不能拿极乐世界的东西来取代现实的生活；同样地，我们也不能拿现实的生活来取代极乐世界。这是非常简单的道理。昨天吃得再丰盛，也不能止息我们今天的饥饿；今天非常饿，想起昨天那一顿吃得非常好，只会越想越饿，并不会因为想而使我们饱起来。我想极乐世界的情景也是一样。

昨天的丰盛，对于今天的饥饿是毫无意义的；今天的丰盛，对于明天的饥饿也是毫无意义的。最重要的就是在此时此刻丰盛，也就是要活在眼前。

随俗随缘，欢喜度日

黄檗禅师有一个故事：当他还是一个寺庙住持的首座弟子时，尚未登基的唐宣宗为避战乱来到这个寺庙，在黄檗禅师的座下参禅。一天，宣宗看到黄檗禅师拜佛，问道："求道的人不应该执着于佛、法、僧，你为何还要礼拜呢？"黄檗禅师回答："我并没有执着于佛、法，更没有执着于僧，我只是随俗罢了。"

黄檗禅师礼拜，并没有特定的对象，只是一种内在的开发，只是随俗，无所求，没有染着、贪着、执着，是完全清净的。

我们面对人间的情欲，也该随俗、随缘。

爱自己的父母、妻子、儿女、朋友，并非有所求。爱父母，不是因为父母有钱，即使父母一贫如洗，也同样爱他们；爱妻子，不是因为妻子会煮饭、扫地、洗衣服，是因为有这个因缘；爱儿女，也是无所求，并不希望儿女长大奉养自己，只是随俗、随缘罢了。

有一天，我儿子对我说："父亲，你老了的时候，我不想跟你住在一起，因为老人很麻烦，但是我会每个月寄钱给你。"我就说："你明天就搬出去住好了，因为你太小，太麻烦了。不过，我也会寄钱给你的。”儿子很惭愧，说：“父亲，对不起，你老了我还是和你住在一起。”

我们照顾儿女，不是要儿女奉养我们；交朋友，不是因为朋友能带给我们好处，而应是抱着“无所求”的态度。

星月是人们对远方的一种梦想

在台湾，很多老年人相信，每个人都代表天上的一颗星星，当一个人死去的时候，天上象征他的那颗星星就会坠落。当我小的时候，听到这种传说，非常的感动，每天晚上坐在院子里，心想：“我到底是哪一颗星星？”我相信自己一定是天上最亮的那颗星星，结果常常在月亮旁边找到一颗最亮的。我几乎每天晚上都要跑去看那颗星星，然后暗自庆幸：“还好它没有掉下来。”这种想法使我度过了一段漫长、灰色的童年，也使我有勇气去面对困境。

还有一种传说：当我们在晚上看到流星坠落的时候，如果对着流星许愿，我们的愿望就会实现。这是很美丽的传说，可惜愿望却很难实现。我从前曾经对着很多流星许过愿，后来都没有实现。然而，这个说法的重点并不在于愿望能否实现，而在于我们跟整个宇宙之间非常密切又不可知的关系。

很多人一年之中顶多在中秋节抬头看一下月亮，很少人会天天抬起头来看看天上，而我就是那些少数人之一，不管走在什么地方，我都会抬起头来看看天上。每当晚上，热闹的人潮退去时，站在街头中间抬头看天上的星星，是一种令人感动的经验。

天上的月亮、星星亘古以来都是沉默的，为何会让历史上的千万人感动？是不是每个人的心里都有一个月亮，或者很多星星？我常常在想，天上的月亮和星星是人对远方的一种梦想和寄托，而这种梦想和寄托并不是凭空而来的，它一定跟我们心里的某些东西相呼应。譬如你和爱人站在太阳底下，就不会想到对着太阳起誓，因为这种阳光太剧烈了，令人感到燥热。可是到了晚上，月光那么温柔明亮，又带着神秘的气息，这时候发誓，感觉誓言是那么真诚，它可以说是和我们心底的一些梦想相呼应。

我记得小时候，家住在离火车站不远的铁路旁，孩子们常常跑到铁路旁去玩，这些带给我很特殊的童年经验。譬如说，我那时候非常喜欢把耳朵贴在铁轨上，听火车开过来的声音，听到后来，就可以断定火车是从南方来的还是从北方来的，甚至从它的速度可以确定是柴油快车还是普通车。我还喜欢在火车开过去后，将脸贴在铁轨上，感觉火车的温度，仿佛自己和这列火车有密切的关联一样。为什么我喜欢这种游戏？因为买不起火车票，只好在铁路旁看着火车开过来、开过去，培养一些梦想，希望有一天也能坐着火车到远方去。

童年时代对远方的梦想，对我后来的成长有很多启发和帮助。举个例子来说，我小时候非常喜欢看地图，譬如我常打开台湾地图，心想现在要到台北、基隆去，那里会有什么东西？后来感觉台湾都游遍了，就改看世界地图，幻想到各地游历。那时，我们家有很多孩子，每个孩子都要轮流做家事，有一天，正好轮到我生火烧洗澡水。烧火是很无聊的事，于是我趁着父亲在洗澡，便一面烧火，一面看世界

我常常在想，

天上的月亮和星星是人对远方的一种梦想和寄托，

而这种梦想和寄托并不是凭空而来的，

它一定跟我们心里的某些东西相呼应。

地图，梦想着到埃及去看金字塔。由于太专注了，忘记自己正在烧火，梦想到半途，我父亲围着一条毛巾，从浴室跑出来，打我一巴掌说："为什么火熄了你都没注意，你到底在干什么？"我说："我在看世界地图，有一天我长大后，一定要到埃及去玩。"我父亲大声地骂道："我告诉你，你这辈子不可能到那么远的地方去。"临转身他又踢我屁股一脚说："赶快生火！"他进入浴室后，我的泪水跟着流下来，心里涌起一个疑问："难道我这辈子真的不可能到那么远的地方去玩吗？"

多年后，有一次我到埃及去，就坐在金字塔前面给父亲写明信片，我写道："亲爱的父亲，我现在正坐在埃及金字塔前面给你写信，记得某年某月某日，你曾说过我这辈子不可能到这么远的地方来，而我现在就坐在这里给你写信。"一边写，眼泪也跟着一边流下来。幸好我小时候有这种梦想，后来才会到埃及去。

当我们真正实现梦想时，心里是非常欣慰的。我学佛后，身边很多不学佛的朋友都劝我："你不要相信那一套，这个世界上绝对不可能有净土，净土只是你们的梦想，阿弥陀佛的极乐世界也只是你们的梦想。"当他们这样讲时，我就想到父亲骂我的话："你不可能到埃及去，那只是你的梦想。"

所以，我就一直梦想，只要我一直念佛，有一天投生到西方净土去，我就要写信给这些不信佛的朋友，告诉他们："我现在坐在净土的莲花池畔给你写信。"也许净土的写信方式不一样，不过，我相信，即使我们在净土，也可以和这个世界交通。所以，不要忽视一个人的梦想。像星星、月亮虽然赋予人梦想，可是它不应该只是梦想而已。

关于月亮，有很多有趣的事情。小时候，我家隔壁住了一位七十几岁的老先生。有一天，电视播出阿姆斯特朗登陆月球的实况转播，大家都大为赞叹，可是，老先生却不相信这件事，他说："那都是骗人的，你们不要被骗了。"老先生的孙子正好是我的好朋友，我跟他说："你的阿公已经七十几岁了，还不相信人类可以登上月球，你一定要在他死前，让他相信人类真的登上月球了。"于是，老先生的孙子每天都告诉他说，人类登上月球是真的，结果却被阿公骂："猴死团仔，你吃不到三两米，就想来骗我这个老伙仔，电视里都是在演戏，月娘怎么可以爬上去？我拿钱给你们读册，都读到背上。"老先生一直到死，都不相信人类真的可以登上月球。

悬崖边的树

我读初中的时候，成绩不好。由于对课外书及美术很热爱，我的初中生活一直过得迷迷糊糊，好像一转眼就升到初三了。

就在初三刚开始不久，父亲把我叫去，说："像你这种成绩，我的脸都被你丢尽了。我看你初中毕业不要去高雄参加联考了，你去台南考。"

我当场怔在那里，因为在我居住的乡镇，所有的孩子都是参加高雄联考，去台南考试，无异就是放逐，连在乡镇里的旗美高中也不能考了。

不知道哪里来的勇气，我自己一个人跑到台南去考高中，发榜的时候发现考上了一个从未听说过的高中——私立瀛海高中。

瀛海高中刚成立不久，是超迷你的学校，每一年级只有三个班，整个高中加起来只有三百多人。学校在盐分地带，几乎可以用"寸草不生"来形容。土地因为盐分过高，一片灰白色。学校独立于郊野，四面都是蔗田和稻田。

记得入学注册时是父亲陪我去的。他看到那么简陋的校舍和荒凉的景色，大吃一惊，非常讶异地问我："你怎么会考上这种学校？"

由于学生很少，大部分的学生都住校，我也开始了离家的生活。

住在学校时认识了许多死党，加上无人管教，我的心就像鸟飞出笼子一样，几乎把所有的时间都用来读课外书、画画、写文章。每到假日，我就跑到台南市去看电影、逛书店。

我的高中生活大致是快乐的，除了功课以外。学校的功课日渐令我厌烦，赤字一天一天增加，到高一结束时，有一大半的功课都是补考才通过的。

这时，我暗暗地准备辍学或转学。当我把这想法告诉父亲时，他气得好几天不和我说话。有一天他终于开口了："你再读一学期，真的不行，再转回来吧！"

升上高二，我们换了导师，是一位七十岁的老头，听说早年是北京大学毕业的，因为在省中退休，转到私校来教。他就是后来彻底改造我的王雨苍老师。

开学不久，他叫我去他家包饺子，然后告诉我："你在报纸上发表的文章我看过，写得真不错。"这是第一位确定那些文章是我写的老师，以前的老师都以为只是同名同姓的人。

然后，王老师告诉我，他从事教育工作快五十年了，学生的素质他差不多一眼就可以看出来。他之所以退而不休，转到私立学校教书，不只是因为兴趣，也是为了寻找沧海遗珠。

吃完师母的饺子，告辞的时候，王老师搂着我的肩膀说："你有什么想法，随时可以来找老师谈谈，林清玄，你不要自暴自弃呀！"我从未被老师如此感性地对待，当场就红了眼睛。

接下来就像变魔术一样，我把一部分的心力用在课业上，功课虽然不好，也还在及格边缘。

由于王老师的鼓励，我把大部分心力用在写作上，不仅作品陆续发表在报纸杂志上，还连续两次得到全台南市中学作文比赛的第一名。这使我加强了对自己的信心，也更坚定了日后的写作之路。

不管是写作文还是周记，或是发表在报上的文章，王雨苍老师总是仔细斟酌、修改，与我热心讨论，使我在升学至上的压力中还有喘息的空间。渴望成为作家的梦想在我的高中生活中，犹如大海里的浮木，使我不致没顶。王老师则是和我一起坐在浮木上的人，并且帮我调整了浮木的方向。

在我高中肄业的时候，我不再对前途畏惧了。虽然大学的考试一直不顺利，但是我知道，我的写作不会再被动摇了。

一直到现在，我只要想起中学生活，王雨苍老师那高大的身影、红润的双颊就会在眼前浮现，想到他最常对我说的："你一定会成功的，不要自暴自弃呀！"

我不知道自己是不是王老师寻找的沧海遗珠，但我知道好老师正如同悬崖边的树，能挡住那些失足坠落的学生。

现在时空遥隔了，老师的魂魄已远，但我仿佛看到在最陡峭的悬崖边，还长着翠绿的大树。

白雪少年

我小学时代使用的一本国语字典，被母亲细心地保存了十几年，最近才从母亲的红木书柜里找到。那本字典被粗心的手指扯掉了许多页，大概是拿去折纸船或飞机了，现在怎么回想都记不起来。由于有那样的残缺，更使我感到一种任性的温暖。

更惊奇的发现是，在翻阅这本字典时，我找到一张已经变了颜色的“白雪公主泡泡糖”的包装纸，那是一张长条的鲜黄色纸，上面用细线印了一个白雪公主的面相，于今看起来，公主的图样已经有一点粗糙简陋了。至于如何会将“白雪公主泡泡糖”的包装纸夹在字典里，更是无从回忆。

到底是在上语文课时偷偷吃泡泡糖夹进去的，是夜晚在家里温书时吃泡泡糖夹进去的，还是有意保存了这张包装纸呢？我翻遍国语字典也找不到答案。记忆仿佛自时空遁去，渺无痕迹了。

唯一记得的倒是，那是一种旧时乡间十分流行的泡泡糖，是粉红色、长方形、十分粗大的一块，一块要五毛钱。对于长在乡间的小孩子，那时的五毛钱非常昂贵，是两天的零用钱，常常要咬紧牙根才买来一块，一嚼就是一整天，吃饭的时候把它吐在玻璃纸上包起，等吃过饭再放到口里嚼。

父亲看到我们那么不舍得一块泡泡糖，常常生气地说：“那泡泡糖是用脚踏车坏掉的轮胎做成的，还嚼得那么带劲！”记得我还傻气地问过父亲：“是用脚踏车轮做的？怪不得那么贵！”惹得全家人笑得喷饭。

说是“白雪公主泡泡糖”，应该是可以吹出很大气泡的，却不尽然。吃那泡泡糖多少得靠运气，能吹出气泡的记得大概五块里才有一块，许多是硬到吹弹不动，更多的是嚼起来不能结成固体，弄得一嘴糖沫，赶紧吐掉，坐着伤心半天。我手里的这一张可能是一块能吹出大气泡的泡泡糖包装纸，否则怎么会小心翼翼地夹着做纪念呢？

我小时候并不是那种很乖巧的孩子，常常因为要不到两毛钱的零用钱就赖在地上打滚，然后一边打滚一边偷看母亲的脸色。直到母亲被我搞烦了，拿到零用钱，我才欢天喜地地跑到街上去，或者就这样跑去买了一个“白雪公主”，然后嚼到天黑。

长大以后，再也没有在店里看到过“白雪公主泡泡糖”，都是细致而包装精美的，一片一片的“口香糖”，每一片都能嚼成形，每一片都能吹出气泡，反而没有像幼年一样能体会到买泡泡糖要靠运气的心情。偶尔看到口香糖，还是会想起童年，想起嚼“白雪公主”的滋味，但也总是一闪即逝、了无踪迹。直到看到国语字典中的包装纸，才坐下来顶认真地想起“白雪公主泡泡糖”的种种。

如果现在还有那样的工厂，恐怕不再是用脚踏车的轮胎制造，可能是用飞机轮子了——我这样游戏地想着。

那一本母亲珍藏了十几年的国语字典，薄薄的一本，里面缺页的缺页、涂抹的涂抹，对我已经毫无用处，只剩下纪念的价值。那张泡泡糖的包装纸，整整齐齐，毫无毁损，却宝藏了一段十分快乐的记忆，使我想起真如白雪一样无瑕的少年岁月，因为它那样白，那样纯净，几乎所有的事物都可以涵容。

那些岁月虽在我们的流年中消逝，但借着非常非常微小的事物，往往一勾就是一大片，仿佛是草原里的小红花，先是看到了那朵红花，然后发现了一整片大草原，红花可能凋落，而草原却成为一个大的背景，我们就在那背景里成长起来。

那朵红花不只是“白雪公主泡泡糖”，可能是深夜里巷底按摩人悠长的笛声，可能是收破铜烂铁老人沙哑的叫声，也可能是夏天里卖冰激凌小贩的喇叭声……有一回我重读小学时看过的《少年维特之烦恼》，书里就曾夹着用歪扭字体写成的纸片，只有七个字：“多么可怜的维特！”其实当时我哪里知道歌德，只是那七个字，让我童年伏案的身影整个显露出来，那身影可能是和维特一样纯情的。

有时候我不免后悔童年留下的资料太少，常想：“早知道，我就不会把所有的笔记簿都卖给收破烂的老人了。”可是如果早知道，我就不是纯净如白雪的少年，而是一个多虑的少年了。那么丰富的资料原本也不宜留录下来，只宜在记忆里沉潜，在雪泥中找到鸿爪，或者从鸿爪中体会那一片雪。

这样想时，我就特别感恩母亲。因为在我无知的岁月里，她比我更珍视我所拥有过的童年，在她的照相簿里，甚至还有我穿开裆裤的照片。那时的我，只有父母留有记忆，我则是完全茫然了，就像我虽拥有“白雪公主泡泡糖”的包装纸，但那块糖已完全消失，只留下一点甜意——那甜意竟也有赖于母亲爱的保存。

月光少年

从中华路走到汉口街的“台映试片室”时，发现西门町在这二十年来的变化实在很大，许多广告牌和街道虽然是原来的样子，却有一种陌生之感。

与从前的繁华相比，西门町有点像迟暮的美人，白天已经掩饰不住皱纹，只有到了晚上，才勉强振作精神，浓浓梳妆，然后走出一个徐娘来。

西门町有点老了，作为一个城市的老城区，这是无可奈何的事。城市本来就是不断地变迁和移动的，就像一个计程车司机告诉我的：“谁能想到从前到处是稻田和坟墓的地方，现在叫作‘信义计划区’呢？谁又会想到从前在偏远郊区的民权东路殡仪馆，现在正好在台北市的市中心呢？”

西门町只是愈移愈偏远了。

那就像，我们心中关于西门町的记忆，也是一天一天地在变远，因为生命本来也是不断变迁和移动的。

要到“台映试片室”时，使我想起年少时代对一切的艺术都是那么狂热，把每个月几乎连分毫都难以移用的生活费，挪出一部分去看电影、看表演、买书。

后来觉得太奢侈了，就到处打听怎么样可以免费接触到艺术。例如不买书，到图书馆去借书；例如不买票，打听舞蹈、戏剧彩排的时间去看表演；例如打听各家试片室的放片时间，去看第一手的电影；例如万不得已买票看表演，总买最便宜的票去坐前排的空位。后来我才知道凡是表演，前面一排的位置总会留给大官，十排、十二排则留给媒体和贵宾，我很庆幸许多大官和记者没有时间去看表演。

“台映试片室”是我在学生时代常去看试片的地方，通常试片都会有更详细的影片资料，甚至偶尔还有饮料和点心招待。使得没有钱看电影的我，留下许多温馨美好的回忆。我虽然不经常去看电影，但只要是好电影，总会想办法写影评来回馈招待我的影片公司。

非常讽刺的是，在我从事传播工作以后，每星期都有人招待我看表演、看电影，而我通常没有时间去看。这时我就会期望，有一个隐在角落不知名的少年，会去坐那一个为我而空下来的位子。

我今天到这随着西门町老去而旧了很多的“台映试片室”，是来看我在世新电影科的同学余为彦导演的新片《月光少年》。余为彦是我的同学中少数真正对电影有热情的人，在电影圈打滚了十几年，始终坚持理想。从他参与的《牯岭街少年杀人事件》和他导演的《童党万岁》看来，他对电影创作实在有异于常人的信念。

到了《月光少年》，他关注了植物人灵魂的问题，他关心着一个少年的幽微梦想，他对电影形式的创新与电影艺术的信念，都使我有着感动之情——在这温柔的月光下，我们能给少年什么样的爱呢？在无边的黑夜，隐身于月光的少年，又有什么样的梦想与将来呢？

失去远大梦想的少年，又和植物人有什么不同呢？

台湾电影界最令人期待的地方，正是有一些电影的终极分子，他们对电影的人文、艺术、理想，始终怀有锲而不舍的精神，并且努力实践。

走出“台映试片室”，台北正午的闷热，使我感觉一种如梦的气氛，想起从前和一些热爱电影的朋友，在月光下的院子里辩论电影的情景。

从前那种非常人文、非常艺术、非常纯粹、非常理想的少年情境已经回不去了，这倒使我有点惭愧起来。

正像我们走进西门町，又走出西门町；我们走进某一夜的月光，又走出来。人生的经验亦然，生命是不断在变迁和移动的。

而，月光，每一夜的月光都相似，每一片月光却又那样不同！

我似昔人，不是昔人

憨山大师有一年冬天读《肇论》，对里面僧肇大师谈到的“旋岚偃岳而常静，江河竞注而不流”感到十分疑惑，心思惘然。

又读到书里的一段——有一位梵志，从幼年出家一直到白发苍苍才回到家乡，邻居问梵志说：“昔人犹在耶？”梵志说：“吾似昔人，非昔人也。”憨山豁然了悟，说：“信乎！诸法本无去来也！”

然后，他走下禅床礼佛，悟到无起动之相，揭开竹帘，站立在台阶上，忽然看到大风吹动庭院里的树，飞叶满空，却了无动相，他感慨地说：“这就是‘旋岚偃岳而常静’呀！”他又看到河中流水，了无流相，说：“此‘江河竞注而不流’呀！”于是，“去来生死”的疑惑，从这时候起完全像冰雪融化一样，他随手作了一首偈：

死生昼夜，水流花谢。
今日乃知，鼻孔向下。

我每一次想到憨山大师传记里的这一段，都会油然地感动不已，它似乎在冥冥中解释了时空岁月的答案。

表面上看，山上的旋岚、飘叶、飞云是非常热闹的，但是山本身却是那么安静；河中的水奔流不停，但是河的本质并没有什么改变。人的生死，宇宙的昼夜，水的奔流，花叶的飘零，都像是这样，是自然的进程罢了。

这就是为什么梵志白发回乡，对邻居说："我像是从前的梵志，却已经不是以前的梵志了。"

岁月在我们的身上毫不留情地留下刻痕。每一次揽镜自照的时候，我们都会慨然发现，我们的脸容苍老了，我们的白发增生了，我们的身材改变了，于是，不免要自问："这是我吗？"

是呀，这就是从前那个才华洋溢、青春飞扬，对人世与未来充满热切追求的我吗？

这是我，因为每一步改变的历程，我都如实地经验，我还记得自己的十岁、二十岁、三十岁，记得一步一步的变迁。

然而这也不是我，因为我的外貌、思想、语言都已经完全改变了。如果遇到三十年前的旧友，他可能完全不认得我；或许，如果我在街上遇见十岁时的自己，也会茫然地错身而过。

时空与我，在生命的历程上起着无限的变化，使我感到惘然。

那关于我的，究竟是我吗？不是我吗？

有一次返乡，在我就读过的旗山小学大礼堂演讲，我的两个母校——旗山小学、旗山中学都派了学生来献花，说我是杰出的校友。

演讲完后，遇到了我的一些小学和中学的老师，我简直不敢与他们相认，因为他们都老得不是原来的样子了。当时我就想，他们一定也有同样的感慨吧！没想到从前那个从来不穿鞋上学的毛孩子，现在已经步入中年了。

一位二十年没见的小学同学来看我，紧紧握着我的手说："二十年没见，想不到你变得这么老了！"他讲的是实话，我们是两面镜子，他看见我的老去，我也看到了他的白发。荒谬的是，我们都确信眼前这完全改变的同学，是"昔人"，却自信自己还是从前的"我"。

一位小学老师说："没想到你变得这么会演讲呢！"

我想，小时候我就很会演讲，只是国语不标准，因此永远没有机会站上讲台。不断的挫折与压抑的结果就是，我变得忧郁，每次上台说话就自卑得不得了，甚至脸红心跳说不出话来。连我自己都不能想象，二十几年之后，我每年要做一百多次大型演讲。当然，我的老师更不能想象了。

我不只是外貌彻底地改变了，性格、思想也不再是从前的自己了。但是，属于童年的我，却是旋岚偃岳、江河竞注，那样清晰、充满动感。

今年过年的时候，我在家里一张被弃置多年的书桌里找到了童年和少年时代的一些照片，黑白的，泛着岁月的黄渍。

我坐在书桌前，专注地寻索着那些早已在岁月之流中逝去的自己，瘦小、苍白，常常仰天看着远方。

那时在乡下的我们，一面在学校读书，一面帮家里做农事，对未来都有着茫然之感，只知道长大一定要到远方去奋斗，渴望有衣锦还乡的一天。

有一张照片后面，我写着：男儿立志出乡关，学业无成誓不还。

那是初中三年级，后来我到台南读高中，大学考了好几次，有一段时间甚至灰心丧志，觉得天下之大，竟没有自己容身的地方。想到自己十五岁就离家了，少年迷茫，不知何往。

还有一张是高中一年级的，背后竟写着：

我是谁？

我从哪里来？

要往哪里去？

在人群里，谁认识我呢？

我看着那些照片，试图回到当时的情境，但情境已渺，不复可追。如果我不写说明，拿给不认识从前的我的朋友看，他们一定不能在人群里认出我来。

坐在地板上看那些照片，竟看到黄昏了，直到母亲跑上来说："你在干什么呢？叫好几次吃晚饭，都没听见。"我说在看从前的照片。"看从前的照片就会饱了吗？"母亲说，"快！下来吃晚饭。"

我醒过来，顺随母亲下楼吃晚饭。母亲说得对，这一顿晚饭比从前的照片重要得多。

这二十年来，我写了五十几本书。由于工作忙碌，很少回乡，哥哥姐姐竟都是在书里与我相见。

有一次，姐姐和我讨论书中的情节，说："你真的经历过这些事吗？"

"是的。"我说。

“真想不到。我的同事都问我，你写的那些是不是真的，我说我也不知道呀！因为我的弟弟十五岁就离家了。”

有时候，我出国也没有通知家里的人。那时在《中国时报》当主编，时常到国外去出差，几乎走遍了半个地球。

亲戚朋友偶尔会问：

“这写埃及的，是真的吗？”

“这写意大利的，是真的吗？”

我的脸上并没有写过我到过的国家，我的眼里也无法映现生命中那些私密经验的历程，因此，到后来连我也会问自己：“这些都是真的吗？”

如果是假的，为什么如此真实？

如果是真的，现在又在何处呢？

生命的经验没有一段是真的，也没有一段是假的。回想起来，真的是如梦如幻，假的又是刻骨铭心，在走过了以后，真假只是一种认定。

有时候，不肯承认自己四十岁了，但现在的辈分又使我尴尬。早就有人叫我“叔公”“舅公”“姨丈公”“姑丈公”了，一到做了“公”字辈，不认老也不行。

我是怎么突然就到了四十岁呢？

不是突然！生命的成长虽然有阶段性，每天却都是相连的。去日、今日与来日，是在喝茶、吃饭、睡觉之间流逝的。在流逝的时候并不特别警觉，但是每一个五年、十年就仿佛是特别湍急的河流，不免有所醒觉。

看着两岸的人、风景，如同无声的黑白默片，一格一格地显影、定影，终至灰白、消失。

无常之感在这时就格外惊心，缘起缘灭在沉默中，有如响雷。

生命会不会再有一个四十年呢？如果有，我能为下半段的生命奉献什么？

由于流逝的岁月，似我非我；未来的日子，也似我非我，只有善待每一个今朝，尽其在我地珍惜每一个因缘，并且深化、转化、净化自己的生命。

憨山大师觉悟到“旋岚偃岳而常静，江河竞注而不流”的时候，是二十九岁。

想来惭愧，二十九岁的时候我在报馆里当主笔，旋岚乱动，江河散流，竟完全没有过觉悟的念头。

现在懂了一点点佛法，体验了一些些无常，观照了一丝丝缘起，才知道要做一个不受人惑的人是多么艰难。幸好，选到了一双叫“菩萨道”的鞋子，对路上的荆棘、坑洞，也能坦然微笑地迈过了。

记得胡适先生在四十岁时，曾在照片上自题“做了过河卒子，只能拼命向前”。我把它改动一下——“看见彼岸消息，继续拼命向前”，作为自己四十岁的自勉。

但愿所有的朋友，也能一起前行，在生命的流逝、因缘的变迁中，都能无畏，做不受人惑的人。

如果没有明天

不是风兮不是幡，

白云尽处是青山。

可怜无限英灵汉，

开眼堂堂入死关。

——华藏善净禅师

我到一个朋友家里，看见他书房的架子上摆着十几册精装的日记本，立时肃然起敬。我一向赞佩那些有毅力和恒心写日记的人，于是对朋友赞美说：

“没想到你写了十几年日记呀！”

他很害羞地笑着说：“这么多的日记本，没有一本写了超过七天的！”

“怎么会呢？”

朋友告诉我，他在少年时代读一些伟人传记，发现许多伟大人物都有写日记的习惯，他便在心里想：虽然不一定成为伟大人物，但也要养成写日记的习惯。因此到书局去挑了一本印刷精美的日记本写将起来。第一年只写了七天，就没有再往下写了。

原因呢？

朋友说："说太忙，实在是一种借口。其实，是觉得生活这样单调、空洞、乏味，每天都在重复着，到底还有什么好写呢？从前不写日记，不知道生活如此单调，开始写日记时才发现了。"

第一年没有写成日记的朋友，内心非常懊悔，因而发誓第二年再买一本来写。第二年只写了五天，后来每况愈下。最近这几年，一到过年的时候，他就到书店去买一本精装的日记本，摆在书架上聊表纪念。偶尔看起来，他便想到从前也是一个立志想要写日记的人。

跟朋友告辞出来，走在严冬寒冷的夜街上，我非常感慨：常觉得生活单调、空洞、乏味的恐怕不只是我的朋友吧！特别是生活在都市、忙碌旋转着的人。我们每天打开行程表，几乎都排得满满的，到东边转转，到西边转转，等到转回家时，通常筋疲力尽，没有深思的力气了。随着外在事物转动的人，如何能看到生活的不同呢？

其实，日子怎么会每天一样？我们今天比昨天成长一些，今天比昨天更接近死亡一步，今天比昨天多看了一天世界，怎么会一样？世界也是日日不同的，有时会有飞机撞山，有时会有坦克轧人，有时地震灾变，有时冰雪凌人，甚至就在短短的几天里，有几个政府被推翻而改变了，日子怎么会一样呢？

感到日子没有变化，可能是来自生活的不能专注、不肯承担，因此就失去对今天，甚至当时当刻的把握了。可悲的是，不能专注把握此刻的人，也肯定是不能把握将来的。

有一次，我在市场买甘蔗，卖甘蔗的人看起来是充满智慧的人，他边削甘蔗边对我说：这个世界什么都可能发生，光说一个“死”好了。我这把年纪亲眼看见的就有很多大家觉得不可能的事。我看见过人笑死的，狂欢大笑，下一声笑不上来，就断气了；我也看见过人哭死的，躺在地上哭，哭着哭着没有声音了，伸手去摸，心脏已经停止跳动了；我看见过父亲开车碾死儿子的，也看见过儿子用车撞死父亲的；我看见过打麻将自摸死的，也看见过打麻将被别人和了气死的……

老人说得起劲，旁边的人听得都笑了。他突然严肃地说：“不要笑，人生的变化是莫测的，各位现在看我在这里削甘蔗，说说笑笑，说不定今天晚上我回家躺下来睡觉，明天就起不来了。”

人群里突然冒出一个声音：“既然不知道明天能不能起来，今天又何必来卖甘蔗呢？”

“呀！少年家，你没有听过‘一日不作，一日不食’吗？就是明知明天不能再活在这个世间，今天也要好好地削甘蔗。如果没有明天，难道我们就要躺着等死吗？”

这段话说得让人肃然起敬，只有今天能专注、努力、好好削甘蔗的人，才能尝到生命中真实的甜蜜吧！写日记也是如此，它是在训练、培养我们对此时此地的注视。若不这样深入地注视，日记只是语言的陈述，有什么意思呢？

有一位和尚去问赵州禅师：

“师父，什么是你最重要的一句格言？”

赵州说："我连半句格言也没有，不要说一句了。"

和尚又问："你不是在这里做方丈吗？"

赵州立刻说："是呀！做方丈的是我，不是格言。"

这使我们体会到：真正的生命风格，是对现今的专注，而不是去描述它。

有一位和尚去问百丈怀海禅师：

"师父，世界上最奇妙的事是什么？"

百丈说："那就是我独坐在大雄峰上。"

真的很奇妙，每个人都独坐在大雄峰上，只是很少有人看见或体验这种奇妙。

"如果我在这世上没有明天"，这是禅者的用心。一个人唯有放下现在心、过去心、未来心，才会有真切的承担呀！

时到时担当

在我的家乡有一句大家常用的俗语："时到时担当，没米就煮番薯汤。"这是一句乐观的、顺其自然的话，大约相当于国语里的"船到桥头自然直"，或是"兵来将挡，水来土掩"。

由于在家乡的时候听惯大人讲这句话，便深深印在脑海里。在我离开家乡以后，每次遇到阻碍或困厄时，这句话就悄悄爬出来，对了，时到时担当，没米就煮番薯汤，有什么大不了。这样想起来，心就安定下来，反而能自然地渡过阻难与困厄。

幼年时代，我常听父亲说这一句话，有一回就忍不住问父亲："没米就煮番薯汤，如果连番薯也没有了，怎么办？"

父亲习惯地拍拍我的后脑勺，大笑起来："憨囝仔！人讲天无绝人之路，年头不可能坏到连番薯都长不出来呀！"

确实也是如此，我们在农田长大的孩子虽然经历过许多的风灾、水灾、旱灾，甚至大规模的虫害，番薯大概是永远不受害的作物，只要种下去，没有不收成的。因此，在我们乡下的做田人，都会留出一小块地种番薯，平时摘叶子做青菜，收成时就把番薯堆在家里的眠床下，以备不时之需。在我成长的年月，我的床下一年四季都堆满番薯，每天母亲生火做饭时抓两个丢进炉灶底的火灰里，饭熟了，热腾腾、香喷喷的番薯也好了。

即使是中日战争最激烈、逃空袭的那几年，番薯也没有一年歉收。

在我从前的经验里，年头真如父亲所言，不可能坏到连番薯都长不出来。推衍出来，我们知道生活里有很多的挫败，只要能挺着，天就没有绝人之路。

后来我更知道了，像“时到时担当，没米就煮番薯汤”，心里的安慰比实际的生活来得重要。只要在困难里可以坦然地活下去，就没有走不通的路。因此如何使自己的心宽广乐观地应对生活，比汲汲营营地想过好日子来得重要，归根究底乃不是米或番薯的问题，而是心的态度罢了。

“时到时担当”不仅是台湾农民在生活中提炼的智慧，也是非常吻合禅宗“当下即是”“直下承担”精神的。此时此刻可以担当，就不必忧心往后的问题，因为彼时彼刻，我们也是如此承担。假如现在不能承担，对将来的忧心也都会无用而落空了。

禅的精神与生活实践的精神非常接近，是一种落实无伪的生活观。我们乡下还有一句俗话：“要做牛，免惊无犁可拖。”译成普通话的意思是一个人只要肯吃苦，绝不怕没有工作，不怕不能生活。这往往是长辈用来安慰、鼓励找不到工作的青年，肯把自己先放在最能承担的位置，那么还有什么可惊的呢？

这句话也是令人动容的。牛、马在乡下，永远是最艰苦承担的象征。不过，那最重的犁也只有牛、马才能拖动。学佛者也是如此，只怕自己不能承担，何惧于无众生可度呢！这样想，就更能体会“欲为诸佛龙象，先做众生马牛”的深意了。

我们不能离开世间又想求得出离世间的智慧，因为“佛法在世间，不离世间觉，离世觅菩提，犹如求兔角”。我们要求最高的境界，只有从自己的生活、自己的周遭来承担、来觉悟才有可能。

佛法中有“当位即妙”“当相即道”的说法。所谓“当位即妙”，是不论何事，其位皆妙，就像良医所观，毒有毒之妙，药有药之妙。所谓“当相即道”，是说世间浅近的事相，都有深妙的道理——世间凡事都有密意，即事而真，就看我们有没有智慧了。

“时到时担当，没米就煮番薯汤”也应该作如是观。真到没有米必须喝番薯汤的时候，是不是也能无怨，品出番薯也有番薯的芳香，那才是真正的承担。

太阳雨

对太阳雨的第一印象是这样子的：

幼年随母亲到芋田里采芋梗，要回家做晚餐。母亲用半月形的小刀把芋梗采下，我蹲在一旁看着，想起芋梗油焖豆瓣酱的美味。

突然，我被一阵巨大震耳的雷声所惊动，那雷声来自远方的山上。

我站起来，望向雷声的来处，发现天空那头的乌云好似听到了召集令，同时向山头的顶端飞驰奔跑去集合，密密层层地叠成一堆。雷声继续响着，仿佛战鼓频催，一阵急过一阵。忽然，将军喊了一声："冲呀！"

乌云里哗哗洒下一阵大雨，雨势极大，大到数公里之外都能听见噼啪之声，撒豆成兵一样。我站在田里被这阵雨的气势慑住了，看着远处的雨幕发呆，因为如此巨大的雷声、如此迅速集结的乌云、如此不可思议的澎湃之雨，是我第一次看见。

说是"雨幕"一点也不错，那阵雨就像电影散场时拉起来的厚重黑幕，整齐地拉成一列，雨水则踏着军人的正步，齐声踩过田原，还呼喊着雄壮威武的口令。

平常我听到打雷声都要哭的，那一天却没有哭，就像第一次被鹅咬到屁股，意外多过惊慌。最奇异的是，雨虽是那样大，离我和母亲的位置不远，而我们站的地方阳光依然普照，母亲也没有跑的意思。

“母亲，雨快到了，下很大呢！”

“是西北雨，不要紧，不一定会下到这里。”

母亲的话说完才一瞬间，西北雨就到了，有如机枪掠空，哗啦一声从我们头顶掠过，就在掠过的那一刹那，我的全身已经湿透。那雨滴的巨大也超乎我的想象，炸开来几乎有一个手掌，打在身上，微微发疼。

西北雨淹过我们，继续向前冲去。奇异的是，我们站的地方仍然阳光普照，使落下的雨丝恍如金线，一条一条编织成金黄色的大地，溅起来的水滴像是碎金屑，真是美极了。

母亲还是没有要躲雨的意思，事实上空旷的田野也无处可躲，她继续把未采收的芋梗采收完毕。记得她曾告诉我，如果不把粗的芋梗割下，包覆其中的嫩叶就会壮大得慢，在地里的芋头也长不坚实。

把芋梗用草捆扎起来的时候，母亲对我说：“这是西北雨，如果边出太阳边下雨，叫作日头雨，也叫作三八雨。”接着，她解释说：“我刚刚以为这阵雨不会下到芋田，没想到看错了，因为日头雨虽然大，却下不广，也下不久。”

我们在田里对话就像家中一般平常，几乎忘记是站在庞大的雨阵中。母亲大概是看到我愣头愣脑的样子，笑了，说：“打在头上会痛吧！”然后顺手割下一片最大的芋叶，让我撑着，芋叶遮不住西北雨，却可以暂时挡住雨打的疼痛。

我们工作快完的时候，西北雨就停了。我随着母亲沿田埂走回家，看到充沛的水在圳沟里奔流，整个旗尾溪都快涨满了，可见这雨虽短暂，却是多么大。

太阳依然照着，好像无视于刚刚的一场雨，我感觉自己身上的雨水向上快速地蒸发，田地上也像冒着腾腾的白气。我觉得空气里有一股甜甜的热，土地上则充满着生机。

“这西北雨是很肥的，对我们的土地是最好的东西。我们做田人，偶尔淋几次西北雨，以后风呀雨呀，就不会轻易让我们感冒。”田埂只容一人通过，母亲回头对我说。

这时，我们走到蕉园附近，高大的父亲从蕉园穿出来，全身也湿透了，“咻！这阵雨真够大！”然后他把我抱起来，摸摸我的光头，说：“有给雷公惊到否？”我摇摇头。父亲高兴地笑了：“哈……金刚头，不惊风、不惊雨、不惊日头。”

接着，他把斗笠戴在我头上，我们慢慢地走回家去。

回到家，我身上的衣服都干了。在家院前，我仰头看着刚刚下过太阳雨的田野远处，看到一道圆弧形的彩虹，晶亮地横过天际，天空中干净清朗，没有一丝杂质。

每年到了夏天，在台湾南部都有西北雨，午后刚睡好午觉，雷声就会准时响起，有时下在东边，有时下在西边，像是雨和土地的约会。在台北，夏天的时候如果空气污浊，我就会想：“如果来一场西北雨就好了！”

西北雨虽然狂烈，却是土地生机的来源，也让我们在雄浑的雨景中，感到人是多么渺小。

我觉得这世界之所以会人欲横流、贪婪无尽，是由于人不能自见渺小，因此对天地与自然的律则缺少敬畏的缘故。大风大雨在某些时刻给我们一种无尽的启发，记得我小时候遇过几次大台风，从家里的木格窗，看见父亲种的香蕉，成排成排地倒下去，心里忧伤，却也同时感受到无比的大力，对自然有一种敬畏之情。

台风过后，我们小孩子会相约到旗尾溪“看大水”，看大水淹没了溪洲，淹到堤防的腰际，上游的牛羊猪鸡，甚至农舍的屋顶，都在溪中浮沉漂流而去，有时还会看见两人合围的大树，整棵连根流向大海，我们就会默然肃立，不能言语。呀！从山水与生命的远景看来，人是渺小一如蝼蚁的。

我时常忆起那骤下骤停、瞬间阳光普照，或一边下大雨、一边出太阳的“三八雨”。所谓的“三八雨”就是一块田里，一边下着雨，另外一边却不下雨。我有几次站在那雨线中间，让身体的右边接受雨的打击、左边接受阳光的照耀。

“三八雨”是人生的一个谜题，使我难以明白，问了母亲，她三言两语就解开了这个谜题，她说：

“任何事物都有界限，山再高，总有一个顶点；河流再长，总能找到它的起源；人再长寿，也不可能永远活着；雨也是这样，不可能遍天下都下着雨，也不可能永远下着……”

过程固然变化万千，结局也总是不可预测的。我们可能同时接受着雨的打击和阳光的温暖，我们也可能同时接受阳光无情的暴晒与雨水有情的润泽。山水介于有情与无情之间，能适性地、勇敢地举起脚步，我们就不会因自然的轻踩而感冒。

苏东坡的词里有一首《水调歌头》，是我很喜欢的，他说：

落日绣帘卷，亭下水连空。
知君为我新作，窗户湿青红。
长记平山堂上，欹枕江南烟雨，杳杳没孤鸿。
认得醉翁语，山色有无中。
一千顷，都镜净，倒碧峰。
忽然浪起，掀舞一叶白头翁。
堪笑兰台公子，未解庄生天籁，刚道有雌雄。
一点浩然气，千里快哉风！

在人生广大的倒影里，原没有雌雄之别，千顷山河如镜，山色在有无之间，使我想起南方故乡的太阳雨，最爱的是末尾两句："一点浩然气，千里快哉风！"心里存有浩然之气的人，千里的风都不亦快哉，为他飞舞、为他鼓掌！

这样想来，生命的大风大雨，不都是我们的掌声吗？

春夏秋冬

带孩子到百货公司，到处都挂着打折的招牌。

“为什么要打折呢？”孩子好奇地问。

“因为换季了。”

“什么是换季？”

“换季就是一个季节换成另一个季节，像现在是夏天要变成秋天了，天气要开始冷了，短袖的衣服要推销出去，所以要换季打折。”我说。

“那么，什么是夏天，什么是秋天呢？”孩子天真地问，却使我感到吃惊，因为想不出什么叫作夏天或者秋天，就决定与孩子来谈谈四季。

我带着孩子找到一处可以喝咖啡的地方坐下，准备好好给他上一课。

“你记得前一阵子很热吗？一定要吹冷气才睡得着觉，这种很热的天叫夏天。”

孩子点点头。

然后我说起去年我们住在乡间山上的冬天，整日寒风怒号，夜里常生一炉火，在炉边取暖，有时跑到草原去晒太阳的日子，那就是冬天了。我对孩子说，他也点点头。

“可是春天和秋天呢？”孩子说。

“春天就是冬天之后夏天之前百花盛开的时候，秋天就是夏天之后冬天之前天很蓝云很高的时候。”

“父亲，你刚刚说夏天很热，说冬天很冷，春天说到花，秋天却说到云，冷、热和花、云怎么能相比？到底春天和秋天是冷还是不冷？”

“春天和秋天是不冷不热。”

“这两个都是不冷不热，到底有什么不一样？而且两个都和夏天、冬天接在一起，是怎么接的？”对于孩子的问题，我震了一下。我们成人觉得四季是一种自然的演变，反而很少去思考其中的相异，孩子内心则充满疑问。

我说：“春大比秋天温暖一点点，秋天则比春天凉爽一些。因为接在冬天后面，所以春天先凉后热，秋天则是先热后凉。春夏秋冬之间并没有界线，就好像我们爬楼梯一样，是慢慢发展的，而不是睡一觉，醒来就发现是冬天了。我们从一棵树可以看出四季，发芽的时候是春天，很绿的时候是夏天，叶子黄了是秋天，掉了叶子就是冬天！就像我们乡下路边的菩提树一样。”

孩子两只胖手撑着脸颊，专注地看着我，思考着四季的问题。突然，他的眼睛里闪过一道光，叫着说：“我知道了，我知道了，春天和秋天是比较凉爽的夏天，还有比较温暖的冬天！”

孩子眼中的闪光一下穿进我的心坎。是呀，其实四季、时间、生命、轮回都没有断灭相，春夏秋冬是以一种绵密的姿势向前推进着。我们所见到的一切断灭是我们的分别，在孩子的眼中，一片纯净，春天是凉的夏季，秋日是温暖的冬天，这使得四季都变得亲切可喜了。

“爸——”我又陷进不可救药的玄想中，孩子摇着我的手说，“在这个比较凉爽的夏天，你可不可以请我吃一个冰激凌？”

带孩子去买冰激凌，我买了两份，自己也吃了一个，吃的时刻感觉到生命真好。就在此刻，秋天已经来了，正是较凉的夏与较温暖的冬。

冬天也快来了，从秋天再往台阶上跳一格，冬天也只是很凉快很凉快，像坐在冷气房中的夏季吧！事无定相，因缘如流。如果在心里有春天，那么夏天是较温暖的春天，秋天是较清爽的春天，冬天是较凉快的春天，日日好日，季季如春，我们就能雀跃欢腾，一如赤子。有了冰激凌吃的孩子已经完全忘记春夏秋冬的争辩，看着孩子，我心里突然浮起一首诗：“终日寻春不见春，芒鞋踏破岭头云；归来偶遇梅花下，春在枝头已十分！”

一个人到处去找春天，找到草鞋都踏破了，才发现春天是在梅花盛开的内部。春是冬的接棒者，是从最寒冷的地方起跑的。

这样想，就会知道无门慧开禅师关于四季的偈是多么充满智慧：

春有百花秋有月，
夏有凉风冬有雪。
若无闲事挂心头，
便是人间好时节。

不要指着月亮发誓

“我指着那把树梢涂了银色的圣洁的月亮发誓——”

“啊！不要！不要指着月亮发誓，月亮变化无常，每月有圆有缺，你的爱也会发生变化。”

“那我指着什么发誓呢？”

“根本不要发誓，如果你一定要发誓，就指着你那惹人心动的自身起誓好了，那是我崇拜的偶像，我会相信你的。”

这是莎士比亚戏剧里，罗密欧与朱丽叶的一段对白。当罗密欧对着月亮起誓的时候，被朱丽叶制止了，因为在她的眼中月有阴晴圆缺，一点也不可靠，反而“自身”比月亮更可信任。后来罗密欧说：“你还没有说出你的爱情的忠诚誓约和我交换呢！”

“在你还没有要求的时候，我已经把我的誓言给你了。”朱丽叶动人地说，“但是我想要的只是现在我所有的这点爱情。”

朱丽叶回家时，罗密欧看着她美丽的背影，说：“我生怕这一切都是梦，太快活如意，怕不是真的。”

最近，梁实秋先生过世了，我找出他翻译的《莎士比亚全集》重读，随意翻到《罗密欧与朱丽叶》，看到这一段颇有感触，尤其人到中年更感觉到“一切都是梦”了。

我从前读过几次这本书，并不是特别喜欢，正如剧中的劳伦斯修道士说的：“最甜的蜜固然本身是味美的，可是不免有一点腻，吃起来要倒胃口。”罗密欧与朱丽叶的爱就像这样，太甜腻了。我的情感观念比较接近劳伦斯说的：“所以要温和的爱，这样方得久远，太快和太慢，其结果是一样迟缓。”

每个人在年轻的时候，多少都有一点罗密欧与朱丽叶的激情，在梦与醒的边缘、在爱与恨的分际挣扎。爱的时候，不要说对自己、对月亮起誓了，甚至对着皇天后土、宇宙洪荒起誓，恨不能把自己切成一片片放在爱人面前来表明心迹；可是激烈的情爱也易导致深刻的仇恨，很少人能在爱人离开时抱着宽容与感激的心情，大多数人都恨不得把负心的人切成一片片来祭祀自己情感的伤痕。

这使我们明白：爱与恨是同一本质的事物，人人都说罗密欧与朱丽叶是个悲剧，但他们到死的那一刻都还坚心相爱，因此他们不是最惨痛的悲剧，从激情的爱转成激烈的恨的情侣才是最惨痛悲苦的。在“风涛泪浪、交互激荡”中失恋的人，想到从前指着月亮发誓的场面，每一次想到所受的折磨都仿佛是死过一回。从这个观点来看，罗密欧与朱丽叶算什么悲剧呢？简直是值得羡慕的团圆了。

在莎士比亚的眼中，爱与恨有一条直通的快捷方式，也可以说是相似的事物，他透过剧中的劳伦斯修道士说：

啊！草、木、矿石，如果使用得当，
都含有很多的伟大的力量；
世上没有东西是如此的卑贱，
以致对于世界毫无贡献，
同时物无全美，如果使用不善，
也会失去本性，惹出祸端；
误用起来，善会变成恶，
好好利用，有时恶亦有好结果。
这朵小花的嫩苞含有毒性，
也能用以治疗某种疾病：
这花只要一嗅，香气贯通全身；
口尝一下便能麻痹一个人的心。
人与药草原是一样，
内中有善有恶，互争雄长，
恶的一面如果占了上风，
死亡很快地要把那植物蛀空。

同时，在《罗密欧与朱丽叶》中也说明了爱与恨都不是永恒的事物，它终有结束之日。爱虽使人说出：“你的眼睛比他们二十把剑还要厉害，你只要对我温柔，我不怕他们的敌意”，但也让人感受到：“一个情人可以跨上夏日空中荡飘的游丝而不会栽下来。”可是，莎士比亚也说：“爱神的样子很温柔，行起事来却如此的粗暴”“爱情是叹息引起的烟雾，散消之后便有火光在情人眼里暴露；一旦受阻，便是情人眼泪流成的海。”

看清爱与恨在人生中的实相，对我们坚定的步伐是有帮助的。被恨淹没的人是多么愚痴，但被爱所蒙蔽的人不也是一样的无知吗？如果我们能以清明的心来对待爱，并且以更超越的爱来宽恕失落的情意，就能让我们登高，看到人生中更高明的境界。

不要指着月亮发誓，因为月有阴晴圆缺；如果要发誓，请对着自己发誓——让我们真诚地对待人间的一切情爱吧！尽我的所能不去伤害对方，不伤害自己！让爱或恨都能升华，化成我生命中坚强的力量。

发芽的心情

有一年，我在武陵农场打工，为果农收成水蜜桃与水梨。那时候是冬天，清晨起来要换上厚重的棉衣，因为山中的空气有一种格外清澈的冷，深深呼吸时，凉沁的空气就涨满了整个胸肺。

我住在农人的仓库里，清晨挑起箩筐到果园子里去，薄雾正在果树间流动，等待太阳出来时再往山边散去。在薄雾中，由于枝丫间的叶子稀疏，可以清楚地看见那些饱满圆熟的果实，从雾里浮凸出来，青鲜的、还挂着夜之露水的果子，如同刚洗过一个干净的澡。

雾掠过果树，像一条广大的河流，这时阳光正巧洒下满地的金线，果实的颜色露出来了。梨子透明一般，几乎能看见表皮内部的水分。成熟的水蜜桃有一种粉状的红，在绿色的背景中，那微微的红，如鸡心石一样，流动着一棵树的血液。

我最喜欢清晨曦光初见的时刻。那时，一天的劳动刚要开始，不但心里感觉到要开始劳动的喜悦，而且面对一片昨天采摘时还青涩的果子，经过夜的洗礼，竟已成熟了，可以深切地感觉到生命的跃动，知道每一棵果树全都有着使果子成长的力量。我小心地将水蜜桃采下，放在已铺满软纸的箩筐里，手里能感觉到水蜜桃的重量，以及那充满甜水的内部质地。捧在手中的水蜜桃，虽已离开了它的树枝，却像一棵果树的心。

采摘水蜜桃和梨子原不是粗重的工作，可是到了中午，全身几乎已经汗湿，中午冬日的暖阳使人不得不脱去外面的棉衣。这样轻微的劳作，为何会让人汗流浃背呢？有时我这样想着。后来找到的原因是：水蜜桃与水梨虽不粗重，但它们是那样容易受伤，非得全神贯注不可——全神贯注也算是我们对大地生养的果实应有的一种尊重吧！

才一个月的时间，我们差不多把果园中的果实完全采尽了，工人们全部放工，转回山下。我却爱上了那里的水土，经过果园主人的准许，我在仓库里可以一直住到春天。能够在山上过冬是我意想不到的，那时候我早已从学校毕业，正等待着服兵役的征集令，由于无事，心情差不多放松下来了。我向附近的人借到一副钓具，空闲的时候，就坐客运车到雾社的碧湖去徜徉一天，偶尔能钓到几条小鱼，通常只是饱览了风景。

有时候我坐车到庐山去洗温泉，然后在温泉岩石上晒一个下午的太阳；有时候则到比较近的梨山，在小街上散步，看那些远从山下爬上来赏冬景的游客。夜间一个人在仓库里，生起小小的煤炉，饮一壶烧酒，然后躺在床上，细细地听着窗外山风吹过林木的声音，深深觉得自己是完全自由的人，是在自然中与大地上工作过、静心等候春天的人。

采摘过的果园并不因此就放了假，果园主人还是每天到园子里去，做一些整理、剪枝、除草的工作。尤其是剪枝，需要长期的经验与技术，听说光是剪枝一项，就会影响明年的收成。我的四处游历告一段落，有一天到园子去帮忙整理，所见的园中景象令我大大吃惊。因为就在一个月前曾结满累累果实的园子，这时全像枯萎了一般，不但没有了果实，连过去挂在枝干尾端的叶子也都凋落净尽，只有一两棵果树上，还留着一片焦黄的、在风中抖颤着随时要落在地上的黄叶。

园中的落叶几乎铺满地，走在上面窸窣有声，每一步都把落叶踩裂，碎在泥地上。我并不是不知道冬天的树叶会落尽的道理，但是对于生长在南部的孩子，树总是常绿的，看到一片枯树反而觉得有些反常。

我静静地立在园中，环目四顾，看那些我曾为它们的生命、为它们的果实而感动过的果树，如今充满了肃杀之气，不禁在心中轻轻叹息起来。同样的阳光、同样的雾，却洒在不同的景象之上。

曾经雇用过我的园主人，不能明白我的感伤，走过来拍我的肩，说："怎么了？站在这里发呆？"

"真没想到才几天的工夫，叶子全落尽了。"我说。

"当然了，今年不落尽叶子，明年就长不出新叶；没有新叶，果子不知道要长在哪里呢！"园主人说。

然后他带领我在园中穿梭，手里拿着一把利剪，告诉我如何剪除那些已经没有生长力的树枝。他说那是一种割舍，因为长得太密的枝丫，明年固然能结出许多果子，但一棵果树的力量是有限的，太多的树枝可能结出太多的果子，却会使所有的果子都长得不好，经过剪除，就能大致把握明年的果实。我虽然感觉到那对一棵树的完整有伤

只有永远保持春天的心情等待发芽的人，

才能勇敢地过冬，

才能在流血之后还能满树繁叶，

然后结出比剪枝以前更好的果实。

害，但作为一棵果树，不就是为了结果吗？为了结出更好的果子，母株总要有所牺牲。

我看到有些拇指粗细的枝丫被剪落，还流着白色的汁液，我说："如果不剪枝呢？"

园主人说："你看过山地里野生的芭乐吗？它的果子一年比一年小，等到树枝长得过盛，根本就不能结果了。"

我们在果园里忙碌地剪枝除草，全是为了明年的春天做准备。春天，在冬日的冷风中，感觉像是十分遥远的日子，但是拔草的时候，看到那些在冬天也顽强抽芽的小草，似乎春天就在那深深的土地里，随时等候着涌冒出来。

果然，我们等到了春天。

其实说是春天还嫌早，因为气温仍然冰冷，一如前日。我去园子里的时候，发现果树像约定好的一样，几乎都抽出茸毛一样的绿芽。那些茸茸的绿昨夜刚从母亲的枝干挣脱出来，初面人世，每一片都绿得像透明的绿水晶，抖颤地睁开了眼睛。我尤其看到初剪枝的地方，芽抽得特别早，也特别鲜明，仿佛是在补偿着母亲的阵痛。我在果树前深深地受到了感动，好像也感觉了那抽芽的心情。那是一种春天的心情，只有在最深的土地中才能探知。

我无法抑制心中的兴奋与感动，每天第一件事就是跑去园子，看那些喧哗的芽一片片长成绿色的叶子，并且有的还长出嫩绿的枝丫，逐渐在野风中转成褐色。有时候，我一天去看好几次，感觉在黄昏的落日里，叶子长得比黎明时要大得多。那是一种奇妙的观察，确实能知道春天的讯息。春天原来是无形的，可是借着树上的叶、草上的花，我们竟能真切地触摸到春天——冬天与春天不是像天上的两颗星那样遥远，而是同一棵树上的两片叶子，那样密切地跨步走。

我离开农场的时候，春阳和煦，人也能感觉到春天的触摸。园子里的果树也差不多长出一整树的叶子，但是有两棵水蜜桃树却没有发出新芽，枝丫枯干，一碰就断落，它们已经在冬天里枯干了。

果园的主人告诉我，每一年，过了冬季，总有一些果树就那样死去了，有时连当年结过好果实的树也不例外。他也想不出什么原因，只说："果树和人一样，也有寿命。短寿的可能未长果就夭折，有的活了五年，有的活了十几年，真是说不准。奇怪的是，果树的死亡没有什么征兆，有的明明果子长得好好的，却就那样死去了……"

"真奇怪，这些果树是同时播种，长在同一片土地上，受到相同的照顾，品种也都一样，为什么有的冬天以后就活不过来呢？"我问着。

我们都不能解开这个谜题，站在树前互相对望。夜里，我为这个问题而想得失眠了。果树在冬天落尽叶子，为何有的在春天不能复活呢？园子里的果树都还年轻，不应该这样就死去啊！

"是不是有的果树不是不能复活，而是不肯活下去呢？就像一些人失去了生的意志而自杀了？或者说，在春天里发芽也要心情，那些强悍的树被剪枝，就用发芽来补偿，而比较柔弱的树被剪枝，则伤心地失去了春天的期待与心情。树，是不是有心情的呢？"我这样反复地询问自己，知道难以找到答案，因为我只能看到树的外观，不能了解树的心情。就像我从树身上知道了春的讯息，但我并不完全了解春天一样。

我想到，人世里的波折其实也和果树一样。有时候我们面临冬天的肃杀，却还要被剪去枝丫，甚至流下了心里的汁液。那些懦弱的人，就不能等到春天。只有永远保持春天的心情等待发芽的人，才能勇敢地过冬，才能在流血之后还能满树繁叶，然后结出比剪枝以前更好的果实。

多年以来，我的心中时常浮现出那两棵枯死的水蜜桃树，尤其是受到无情的波折与打击时，那两棵原本无关紧要的水蜜桃树，它们的枯枝就像两座生铁的雕塑，从我的心房中撑举出来。我对自己说："跨过去，春天不远了，我永远不要失去发芽的心情。"果然，我就不会被冬寒与剪枝击败。虽然有时静夜想想，也会黯然流下泪来，但那些泪，在一个新的春天来临时，往往成为最好的肥料。

来自心海的消息

几天前，我路过一座市场，看到一位老人蹲在街边，他的膝前摆了六个红薯。那红薯铺在面粉袋上，由于是紫红色的，令人感到特别的美。

老人用沙哑的声音说："这红薯又叫山药，在山顶掘的，炖排骨很补，煮汤也可清血。"

我小时候常吃红薯，就走过去和老人聊天，原来老人住在坪林的山上，每天到山林间去掘红薯，然后搭客运车到城市的市场叫卖。老人的红薯一斤卖四十元，我说："很贵呀！"

老人说："一点也不贵，现在红薯很少了，有时要到很深的山里才找得到。"

我想到从前物质匮乏的时候，我们也常到山上去掘野生的红薯。以前在乡下，红薯是粗贱的食物，没想到现在竟是城市里的珍品了。

买了一个红薯，足足有五斤半重，老人笑着说："这红薯长到这样大要三四年时间呢！"老人哪里知道，我买红薯是在买一些失去的回忆。

提着红薯回家的路上，看到许多人在一个摊子前排队等候，就好奇地走上前去，才知道他们是在排队买“番薯糕”。

“番薯糕”是把番薯煮熟了，捣烂成泥，拌一些盐巴，捏成一团，放在锅子上煎得两面金黄、内部松软，是我童年常吃的食物。没想到在台北最热闹的市集，竟有人卖，还要排队购买。

我童年的时候非常贫困，几乎每天都要吃番薯。母亲怕我们吃腻，把普通的番薯变来变去，有几样番薯食品至今仍然令我印象深刻，一种就是“番薯糕”。看母亲把一块块热腾腾的、金黄色的“番薯糕”放在陶盘上端出来，至今仍然使我怀念不已。

另一种是“番薯饼”，母亲把番薯弄成签，裹上面粉与鸡蛋调成的泥，放在油锅中炸，也是炸到通体金黄时捞上来。我们常在午后吃这道点心，孩子们围着大灶等候，一捞上来，边吃边吹气，还常烫了舌头，母亲总是笑骂：“夭鬼！”

还有一种是在消夜时吃的，是把番薯切成丁，煮甜汤，有时放红豆，有时放凤梨，有时放点龙眼干。夏夜时，我们总在庭前晒谷场围着大人说故事，每人手里一碗番薯汤。

那样的年代，想起来虽然辛酸，却有一种难以言说的幸福。我父亲生前谈到那段时间的物质生活，常用一句话形容：“一粒田螺煮九碗公汤！”

今天随人排队买一块十元的“番薯糕”，特别使我感念为了让我们喜欢吃番薯，母亲用了多少苦心。

卖“番薯糕”的人是一位少妇，说她来自宜兰乡下，先生在台北谋生。为了贴补家用，想出来做点小生意，不知道要卖什么，突然想起小时候常吃的“番薯糕”，在糕里多调了鸡蛋和奶油，就在市场里卖起来了。她每天只卖两小时，天天供不应求。

我想，来买“番薯糕”的人当然有好奇的，但大部分基于怀念，吃的时候，整个童年都会从乱哄哄的市场寂静深刻地浮现出来吧！

“番薯糕”的隔壁是一位提着大水桶卖野姜花的老妇，她站的位置刚好，使野姜花的香正好与“番薯糕”的香交织成一张网。我则陷入那美好的网中，看到童年乡野中野姜花那纯净的秋天！

这使我想起不久前，朋友请我到福华饭店去吃台菜，饭后叫了两个甜点，一个是芋仔饼，一个是炸香蕉，都是我童年常吃的食物。当年吃这些东西是由于芋头和香蕉生产过剩，根本卖不出去，母亲想法子让我们多消耗一些，免得暴殄天物。

没想到这两样食物现在成为五星级大饭店里的招牌甜点，价钱还颇不便宜。吃炸香蕉的人大概不会想到，一盘炸香蕉的价钱在乡下可以买到半车香蕉吧！

时代真是变了。时代的改变，使我们检证出许多事物的珍贵或卑贱、美好或丑陋，只是心的觉受而已，它并没有一个固定的面目。心如果不流转，事物的流转并不会使我们失去对生命价值的思考；而心如果浮动，时代一变，价值观就变了。

圆悟克勤禅师去拜见真觉禅师时，真觉禅师正在生大病，膀子上生疮，疮烂了，血水一直流下来。圆悟去见他，真觉禅师指着膀上流下的脓血说：

“此曹溪一滴法乳。”

圆悟大疑，因为在他的心中认定，得道的人应该是平安无事、欢喜自在，为什么这个师父不但没有平安，反而指说脓血是祖师的法乳呢？于是说：“师父，佛法是这样的吗？”真觉一句话也不说，圆悟只好离开。

后来，圆悟参访了许多当代的大修行者，虽然每个师父都说他是大根利器，但他自己知道并没有开悟。最后拜在五祖法演的门下，把平生所学的都拿来请教五祖，五祖都不给他印可，他愤愤不平，背弃了五祖。

他要走的时候，五祖对他说：“待你着一顿热病打时，方思量我在！”

满怀不平的圆悟到了金山，染上伤寒大病，把生平所学的东西全拿出来抵抗病痛，没有一样有用的，因此在病榻上感慨地发誓：“我的病如果稍微好了，一定立刻回到五祖门下！”这时的圆悟才算真实地知道为什么真觉禅师把脓血说成法乳了。

圆悟后来在五祖座下，有一次听到一位居士来向师父问道，五祖对他说：“唐人有两句小艳诗与道相近：频呼小玉原无事，只要檀郎认得声。”居士有悟，五祖便说：“这里面还要仔细参。”

圆悟后来问师父：“那居士就这样悟了吗？”

五祖说：“他只是认得声而已！”

圆悟说：“既然‘说只要檀郎认得声’，他已经认得声了，为什么还不是呢？”

五祖大声地说：“如何是祖师西来意？庭前柏树子！去！”

圆悟心中有所省悟，突然走出，看见一只鸡飞上栏杆，鼓翅而鸣，他自问道：“这岂不是声吗？”

于是大悟，写了一首偈：

金鸭香销锦绣帏，笙歌丛里醉扶归。
少年一段风流事，只许佳人独自知。

我很喜欢这个故事，特别是真觉对圆悟说自己的脓血就是曹溪的法乳，还有后来圆悟“见鸡飞上栏杆，鼓翅而鸣”的悟道。那是告诉我们，真实的智慧是来自平常的生活，是心海的一种体现。如果能听闻到心海的消息，一切都是道，“番薯糕”或者炸香蕉，在童年穷困的生活与五星级大饭店的台面上，都是值得深思的。

圆悟曾说过一段话，我每次读了，都感到自己是多么的庄严而雄浑，他说：

山头鼓浪，井底扬尘；
眼听似震雷霆，耳观如张锦绣。
三百六十骨节，一一现无边妙身；
八万四千毛端，头头彰宝王刹海。
不是神通妙用，亦非法尔如然；
苟能千眼顿开，直是十方坐断。

心海辽阔广大，来自心海的消息是没有五官，甚至是无形无相的，用眼睛来听，以耳朵观照，在每一个骨节、每一个毛孔中都有庄严的宝殿呀!

夜里，我把紫红色的红薯煮来吃，红薯煮熟的质感很像汤圆，又软又Q，想起很久很久以前在晒着谷子的庭院喝红薯汤，突然看见一只鸡飞上栏杆，鼓翅而鸣。

呀！这世界犹如少女呼叫情郎的声音那样的温柔甜蜜，来自心海的消息看这现成的一切，无不显得那样的珍贵、纯净而庄严!

夜观流星

近读宋朝沈括著的《梦溪笔谈》，有一段谈到他夜见流星的事，非常有趣：

治平元年，常州日禺时，天有大声如雷，乃一大星，几如月，见于东南，少时而又震一声，移著西南；又一震而坠在宜兴县民许氏园中，远近皆见，火光赫然照天，许氏藩篱皆为所焚。是时火息，视地中只有一窍如杯大，极深，下视之，星在其中，荧荧然，良久渐暗，尚热不可近。又久之，发其窍，深三尺余，乃得一圆石，犹热，其大如拳，一头微锐，色如铁，重亦如之。

沈括学识的渊博早为后世学者推崇，但我之所以对这一段描述特别感兴趣，并不是因为有的学者说他对流星的正确判断早于西方天文学家数百年，而是因为我小时候也有一段看流星陨落的相似经验。

我幼年居住的乡里，没有电视，没有收音机，没有冷气，没有电扇，一到夏天夜晚，就没有人留在屋内，家人全跑到三合院中间的庭院里纳凉。大人坐在藤椅上聊天，或谈着农事，或谈着东邻西里的闲话，小孩子就围坐在地板上倾听，或到处追逐萤火虫。

小时候，家里有一位帮忙农事的老长工，我们都叫他“玉豹伯”。他的脑子里装满了民间戏曲里的戏文故事，口才好，姿势优美，颇像妈祖庙前的说书先生。他没有儿女，因此特别疼爱我们。每到夏天夜里，我们都围着听他说故事，一直到夜幕低垂才肯散去。他的身上有一种说不出的魅力，听到精彩的地方，我们甚至舍不得离开去捉跳到身边的大蟋蟀。

有一天玉豹伯为我们讲《西游记》，谈到孙悟空如何在天空中腾云驾雾飞来飞去，我们都不禁抬头望向万里的长空。就在那个时候，一颗天边的星星划出一条优美的长线，明亮的星星一直往我们头上坠落，我们都尖声大叫，玉豹伯说：“流星！流星！”然后我们听到轰然一声巨响，流星就落在我们庭院前不远处蕉园旁的河床。

一群孩子全像约好了似的，完全顾不得“孙悟空”，呼啸着站起往河床奔去，等我们跑到的时候却完全不见流星的影子，在河床搜寻一个晚上毫无所获，才拖着疲倦的身子回家。第二天还特别起早，继续到河床去找，后来找到一颗巨大的褐黑色石头。因为我们日日在河床游戏，几乎可以确定那颗新石头就是昨夜的流星，但是天上的明星落到地上怎么会变成石头呢？这是我们不敢肯定的谜题。

那是我第一次看见流星，在那之前，虽听大人说起过流星，知道天上的每个星星都对应着地上的一个人，只要看见天上的流星陨落就知道地上死去了一个人。可是我常自问，地上时常有人去世，为什么流星却那么罕见呢？

不管是谁，

人世里不是行者就是过客，

流星落下不免令人感触殊深。

还有人说，当你看见流星落下的一刻，闭上眼睛专心许愿，你的愿望就可以实现。当时我们还是孩子，心中没有什么大愿望，看到奔射如箭的流星，尚看之不暇，谁还顾得上许愿呢？

后来我还在庭院里看到过几次流星，但都远在天外，稍纵即逝，不像第一次的感受那么深刻，心中只是无端地茫然。若是天空中的星星都对应着一个人，那一刻落下的又是谁呢？不管是谁，人世里不是行者就是过客，流星落下不免令人感触殊深。

如果流星是一个人的陨落，那么浩渺的天空就对应着广阔的大地，人的群落就是星的聚散。这样想时，我们的离恨别情便淡泊了许多——光灿的星落到地上只是一颗无光的石头，还有什么是永远的光明呢？

我总觉得不管有多少天文学家，不管人类是否登陆了月球，我们对天空的了解都还是浅薄无知的。重要的不是我们知道了多少天空的事物，而是它给了我们什么样心灵的启示。从很年幼的时候我就爱独自坐着看天空，并借着天空冥想，一直到现在，我出门时第一眼都要看看天色。这或许是看天吃饭的农家子弟本性，然而这种本性也使我在大旱的时候想着渴望雨水的禾苗，在连日豪雨之际思念着农田里还未收割、恐惧着发芽的累累稻穗，在巨风狂吼之时忧心着那些出海捕鱼的渔夫。

天空的冥思可以让我们更关切生活的大地，这样站在地上仰望天际，就觉得天空和星月离我们不远，也是“星垂平野阔，月涌大江流”的心情。

我最担心的是，在我认识的都市儿童中，大部分失去了对天空的敏感，有的甚至没有好好地看过天色，更不要说是流星了。现在如果看见流星，我想许的愿望是：“孩子们，抬头看看那一颗马上要逝去的流星吧！”

不忧昨日，不期明日

中篇

比云还闲

包容的心是知道即使没有我，世界一样会继续运行，

时空也不会有一刻中断，这样可以让人谦卑。

从容的生活是知道即使我再紧张、再迅速，也无法使地球停止一秒，

那么何不以从容的态度来面对世界呢？唯有从容的生活才能让人自重。

鸡蛋与沙拉油的觉悟

我开始跑鸡蛋和沙拉油的新闻，这种新闻每天只要花五分钟就跑完了，然后打个电话回报社报价，今天鸡蛋大盘、中盘、小盘各多少钱。大部分时间没事做，我便开始发呆，心想：“知道鸡蛋和沙拉油多少钱对人生又有何意义？”答案似乎是没有什么意义，于是我又想：“是不是能换一种采访方式，追查一下鸡蛋由养鸡场送出到小盘卖出，价格为何会节节攀升？”

有一天，我到一家养鸡场去，看看他们用什么饲料喂鸡，鸡怎样长大，生多少蛋，价钱多少。到了养鸡场之后，我发现里面并没有公鸡，我就问鸡场主人，他说：“当然没有公鸡，公鸡怎么会生蛋？”我问：“难道蛋不会孵出公鸡吗？”他回答说：“会，大概会孵出一半的公鸡。”我问那些公鸡到哪里去了，他说一旦发现孵出来的小鸡是公的，便马上丢到饲料搅拌器，和饲料一起搅碎去喂母鸡，母鸡便吃着小公鸡的肉长大。母鸡长大后一直生蛋，生到死为止。

养鸡场的母鸡从出生到死为止，不知道这个世界上有一种动物的名字叫“公鸡”！更悲惨的是小公鸡的命运，它们从出生开始，还来不及啼叫几声，就被丢到搅拌器里活活给搅死。听了这件事，我当场呆住了，心想这世界上怎么会有这么悲惨的事？

一会儿，养鸡场的主人又拿了一个盒子过来，盒子里装满了小鸡，他把盒子放在桌上，问我：“林先生，你知不知道这些小鸡中，哪一只是孔雀？”我看了半天，看不出所以然。他说：“所有的鸟类在幼年时代都长得一样。”然后他把那只孔雀抓起来，解释说：“这只孔雀如果从小和鸡养在一起，长大后就一点都不像孔雀，而像一只鸡。只有将孔雀和孔雀放在一起养时，才会养得漂亮。因为它从小就知道自己是一只孔雀，它有成为孔雀的愿望，长大后，自然成为一只漂亮的孔雀。”

这个采访结束后，在回来的路上，我思考了许多问题。当时我虽然还没有开始学佛，却相信因果、轮回，以及一些佛教的基本观念。我心想，这些鸡到底在什么样的情况下来投胎？为什么会有这么悲惨的命运？我又想道：孔雀如果从小知道自己是一只孔雀，就可以长得漂亮。可见即使是动物也有自己的志愿和意志力，只是很难被发现罢了。这时，我又想道，是谁让这些鸡一出世就如此悲惨？人是不是也像鸡一样，生出来后，有时候是无法自己做主宰的？

我写过一篇文章，谈到很多人一生的扭转，只基于别人在喝一杯咖啡时、随兴谈论所做的决定。有些人不明白其中的道理。我举一个例子加以说明。我有一个朋友的朋友在“外交部”做事，他很喜欢运动，所以皮肤晒得很黑。有一天，他的四个主管在一起喝咖啡，一个说：“现在非洲有一个缺，要派一个人去。”另外一个说：“我想到一个人选，他的皮肤很黑，到非洲一定很容易做外交，干脆把他调到非洲去。”结果四个人都很同意这个意见。很快地，这个人就被调到非洲去，一去十多年。当他从非洲回来时，朋友去看他，发现他已经不像中国人，倒长得像非洲人一样。这种感觉就如同看到鸡被丢到搅拌器一样，觉得人并不能主宰自己的命运。这种例子在生活中是常常可见的。

冰糖芋泥

每到冬寒时节，我时常想起幼年时候，坐在老家西厢房里，一家人围着大灶，吃母亲做的冰糖芋泥。事隔二十几年，每回想起，齿颊还会涌起一片甘香。

有时候没事，读书到深夜，我也会学着母亲的方法，熬一碗冰糖芋泥。温暖犹在，但味道已大不如前了。我想，冰糖芋泥对我，不只是一种食物，而是一种感觉，是冬夜里的暖意。

成长在台湾光复后几年的孩子，对番薯和芋头这两种食物，相信记忆都非常深刻。早年在乡下，白米饭对我们来讲是一种奢想。三餐时，饭锅里的米饭和番薯永远是不成比例的，有时早上喝到一碗未掺番薯的白粥，会高兴半天。

生活在那种景况中的孩子只有自求多福，但最难为的恐怕是母亲，因为她时刻都在想着如何为那简单贫乏的食物设计一些新的花样，让我们不感到厌倦，并增加我们的生活趣味。我至今最怀念的是母亲费尽心机在食物上所创造的匠心和巧意。

打从我刚学会走路的时候，就经常在午后的空闲里，随着母亲到田中采摘野菜。她能分辨出什么野菜可以食用，且加以最可口的配方。譬如有一道菜叫“乌莘菜”，母亲采下那最嫩的芽，用太白粉烧汤。那又浓又香的汤汁，我到今天还不敢稍稍忘记。

即使是番薯的叶子，摘回来后剥皮去丝，不管是火炒，还是清煮，都有特别的翠意。

如果遇到雨后，母亲就拿把铲子和竹篮，到竹林中去挖掘那些刚要冒出头来的竹笋。竹林中阴湿的地方常生长着一种可食用的蕈类，是银灰而带点褐色的，母亲称为“鸡肉丝菇”，炒起来的味道真是如同鸡肉丝一样。

就是乡间随意生长的青凤梨，母亲都有办法变出几道不同的菜式。

母亲是那种做菜时常常有灵感的人，可是遇到我们几乎天天都要食用、等于是主食的番薯和芋头则不免头痛。将番薯和芋头加在米饭里蒸煮是很容易的，可是如果天天吃着这样的食物，恐怕脾气再好的孩子都要哭丧着脸。

在我们家，番薯和芋头都是长年不缺的。番薯种在离溪河不远处的沙地，纵在最困苦的年代，也会繁茂地生长，取之不尽，食之不绝。芋头则种在田野沟渠的旁边，果实硕大坚硬，也是四季不缺。

我常看到母亲对着用整布袋装回来的番薯和芋头发愁，然后她开始在发愁中创造，企图用最平凡的食物，来做最不平凡的菜肴，让我们整天吃这两种东西不感到烦腻。

母亲当然把最好的部分留下来掺在饭里。其他的，她则小心翼翼地将之切成薄片，用糖、面粉，和我们自己养殖的鸡下的蛋打成糊状，把薄片蘸着粉糊下到油锅里炸，到呈金黄色的时刻捞起，然后用一个大的铁罐盛装，就成为我们日常食用的饼干。由于母亲故意宝贝着那些饼干，我们吃的时候是要分配的，所以就觉得格外好吃。

即使是番薯有那么多，母亲也不准我们随便取用。她常谈起日据时代空袭的一段岁月，说番薯也和米饭一样重要。那时我们家还用烧木柴的大灶，下面是排气孔，烧剩的火灰落到气孔中还有温热。我们最喜欢把小的红心番薯放在孔中让火烬焖熟，剥开来真是香气扑鼻。母亲不许我们这样做，只有得到奖赏的孩子才有那种特权。

记得我每次考了第一名，或拿奖状回家时，母亲就特准我在灶下焖两个红心番薯以作奖励。我从灶里探出焖熟的番薯，心中那种荣耀的感觉，真不亚于在学校的讲台上领奖状，番薯吃起来也就特别有味。我们家是个大家庭，我有十四个堂兄弟、四个堂姐，伯父母都是早年去世，由母亲主理家政。到今天，我们都还记得领到两个红心番薯是多么贵重的奖品。

番薯不只用来做饭、做饼、做奖品，还能与东坡肉同卤，还能清蒸，母亲总是每隔几日就变一种花样。夏夜里，我们做完功课，最期待的点心是母亲把番薯切成一寸见方和凤梨一起煮成的甜汤，酸甜兼具，颇可以象征我们当日的生活。

芋头的地位似乎不像番薯那么重要，但是母亲的一道芋梗做成的菜肴，几乎无以形容。有一回，我在台北“天津卫”吃到一道红烧茄子，险些落下泪来，因为这道北方的菜肴，味道竟和二十几年前南方贫苦的乡下、母亲做的芋梗极其相似。本来挖了芋头，梗和叶都要丢弃的，母亲却不舍，于是芋梗做了盘中飧，芋叶则用来给我们上学时做饭包。

芋头孤傲的脾气和它流露的强烈气味是一样的。它充满了敏感，几乎和别的食物无法相容。削芋头的时候要戴手套，因为它会让皮肤麻痒。它的这种坏脾气使它不能取代番薯，永远是个二副，当不了船长。

我们在过年过节时能吃到丰盛的晚餐，其中不可少的一样是芋头排骨汤。我想全天下没有比芋头和排骨更好的配合了，唯一能相提并论的是莲藕排骨，但一浓一淡，风味各殊。人在贫苦的时候，毋宁是更喜爱浓烈的味道。母亲做红烧鲢鱼头时，炖烂的芋头和鱼头相得益彰，恐怕也是天下无双。

最不能忘记的是我们在冬夜里吃冰糖芋泥的经验。母亲把煮熟的芋头捣烂，和着冰糖同熬，熬成几近晶蓝的颜色，放在大灶上。就等着我们做完功课、被检查过以后，可以自己到灶上舀一碗热腾腾的芋泥，围在灶边吃。每当知道母亲做了冰糖芋泥，我们一回家便赶着做功课，期待着灶上的一碗点心。

冰糖芋泥只能慢慢地品尝，即使在最冷的冬夜，它的每一口也都是滚烫的。我们一大群兄弟姐妹站立着围在灶边，细细享受母亲精制的冰糖芋泥，嬉嬉闹闹，吃完后才满足地回房就寝。

二十几年时光的流转，兄弟姐妹都因成长而星散了，连老家都因盖了新屋而消失无踪，有时候想在大灶边吃一碗冰糖芋泥，都已成了奢想。天天吃白米饭，使我想起那段用番薯和芋头堆积起来的成长岁月。想吃去年腌制的葡萄干吗？想吃雨后的油焖笋尖吗？想吃灰烬里的红心番薯吗？想吃冬夜里的冰糖芋泥吗？有时想得不得了，心中徒增一片惆怅。即使真能再制，即使母亲还同样的刻苦，味道总是不如从前了。

我成长的环境是艰困的，因为有母亲的爱，那艰困竟都化成甜美，母亲的爱就表达在那些看起来微不足道的食物里面。一碗冰糖芋泥其实没有什么，但即使看不到芋头，吃在口中，也可以简单地分辨出那不是别的东西，而是一种无私的爱。无私的爱在困苦中是最坚强的。它纵然研磨成泥，但每一口都是滚烫的，是甜美的，在我们最初的血管里奔流。

在寒流来袭的台北灯下，我时常想到，如果幼年时代没有吃过母亲的冰糖芋泥，那么我的童年记忆就完全失色了。

我如今能保持乡下孩子恬淡的本性，常能在面对一袋袋知识的番薯和芋头时，知所取合变化，创造出最好的样式，在烦闷发愁时不失去向前的信心，我确信和童年的生活有着密切的关系。因为母亲的影子就在我心里最深刻的角落，永远推动着我。

雪梨的滋味

不知道为什么，所有的水果里，我最喜欢的是梨。梨不管在什么时间，总是给我一种凄清的感觉。我住处附近的通化街，有一条卖水果的街，走过去，在水银灯下，梨总是洁白地从摊位中跳脱出来，好像不是属于摊子里的水果。

总是记得我第一次吃水梨的情形。

在乡下长大的孩子，水果四季不缺，可是像水梨和苹果却无缘会面，只在梦里出现。我第一次吃水梨是在一位亲戚家里，亲戚刚从海外回来，带回一箱高贵的水梨，一再强调它是多么不易地横越千山万水来到的。我抱着水梨就坐在客厅的角落吃了起来，因为觉得是珍贵的水果，就一口口细细地咀嚼着。没想到吃不到一半，水梨就变黄了，我站起来，告诉亲戚："这水梨坏了。"

"怎么会呢？"亲戚的孩子惊奇着。

"你看，它全变黄了。"我说。

亲戚虽一再强调，梨削了一定要一口气吃完，否则就会变黄的，但是不管他说什么，我总不肯再吃。虽然水梨的滋味是那么鲜美，但我的倔强把大人都弄得很尴尬。最后亲戚笑着说："这孩子还是第一次吃梨呢！"

后来我才知道，梨的变黄是因为氧化作用，私心里对大人们感到歉意，却也来不及补救了。从此我一看到梨，就想起童年吃梨时令人脸红的往事，也从此特别地喜欢吃梨，好像在为着补偿什么。

在我的家乡，有一个旧俗，就是梨不能分切来吃，因为把梨切开，在乡人的观念里认为这样是要"分离"的象征。我们家有五个孩子，常常望着一两个梨兴叹，兄弟们让来让去，那梨最后总是到了我的手里。母亲的理由很简单：因为我身体弱，又特别爱吃水梨。

直到家里的经济好转，台湾也自己出产水梨。那时我在外地求学，每到秋天，我开学要到学校去，母亲一定会在我的行囊里悄悄塞几个水梨，让我在客运车上吃。我虽能体会到母亲的爱，却不能深知梨的意义。

直到我服兵役在野战部队，行踪不定，回家的日子经常匆匆，有时候夜半返家，清晨就要归营，母亲也会分外起早，到市场买两个水梨，塞在我野战夹克的口袋里。我坐着疾行的火车回到营房的路途上，就把水梨拿在手上，反复地摩挲着，舍不得吃，才知道一个小小的水梨，竟是代表了母亲多少的爱意和思念。这些情绪在吃水梨时，就像梨汁一样，满溢了出来。

有一年暑假，我为了爱吃梨，跑到梨山去打工。梨山的早晨是清冷的，水梨被一夜的露气冰镇，吃一口，就凉到心底。由于农场主人让我们免费吃梨，和我一起打工的伙伴没几天就吃怕了，偏就是我百吃不厌，每天都是吃饱了水梨才去上工。那一年暑假是我学生时代最

每到秋天，我开学要到学校去，母亲一定会在我的行囊里悄悄塞几个水梨，让我在客运车上吃。我虽能体会到母亲的爱，却不能深知梨的意义。

快乐的暑假。梨有时候不只象征分离，它也可以充满温暖。

记得父亲说过一个故事，他生在日本人统治的时代，读小学的时候，日本老师常拿出烟台的苹果和天津的雪梨给他们看，说哪一天“打倒中国”，他们就可以在山东吃大苹果，在天津吃天下第一的雪梨。父亲对梨的记忆因此有一些伤感，他每次吃梨就对我们说一次这个故事。梨在这时很不单纯，它有国仇家恨的滋味。日本人为了吃上好的苹果和梨，竟用武士刀屠杀了数千万中国同胞。

有一次，我和妻子到香港，正是天津雪梨盛产的季节，有很多梨销到香港。香港卖水果的摊子都供应“雪梨汁”，一杯五元港币。在我寄住的旅馆楼下正好有一家卖雪梨汁的水果店，我们每天出门前，就站在人车喧闹的尖沙咀街边喝雪梨汁。雪梨汁的颜色是透明的，温凉如玉，清香不绝如缕，到现在我还无法用文字形容那样的滋味。因为在那透明的汁液里，我们总喝到了似断还未断的乡愁。

天下闻名的天津雪梨，表皮有点青绿，个头很大，用刀子一削，就露出晶莹如白雪的肉来，梨汁便即刻随刀锋起落滴到地上。我想，这样洁白的梨，如果染了血，一定会显得格外殷红。我对妻子说起父亲小学时代的故事，妻子说：“那些梨树下不知道溅了多少无辜的血呢！”

可惜的只是，那些血早已埋在土里，并没有染在梨上，以至于后世的子孙，有许多已经对那些梨树下横飞的血肉失去了记忆。可叹的是，日本人恐怕还念念不忘天津雪梨的美味吧！

水梨，现在是一种普通的水果，满街都在叫卖。我每回吃梨，就有种种滋味浮上心头。最强烈的滋味是日本人给的，他们曾在梨树下杀过我们的同胞，到现在还对着梨树喧嚷。满街过往的路客，谁想到吃梨有时还会让人伤感呢？

林边莲雾

到南部演讲，一位计程车司机来看我，送我一袋莲雾。

他说："这莲雾不同于一般莲雾，你一定会喜欢的。"

"这莲雾有什么不同吗？"我把莲雾拿起来端详，发现它的个儿比一般的莲雾小一点儿，颜色较深，有些接近枣红。

"这是林边的莲雾，是我家乡的莲雾呀！"他说。

"林边不是生产海鲜吗？什么时候也出产莲雾呢？"我看着眼前这位出身于海边而在城市里谋生的青年，他还带着极强的纯朴勇毅的乡村气息。

青年告诉我，林边的海鲜很有名，它的莲雾也很有名，只可惜产量少，只有下港人才知道，不太可能运送到北部。加上林边莲雾长得不起眼，黑黑小小的，如果不知味的人，也不会知道它的珍贵。

来自林边的青年拿起一个他家乡的莲雾，在胸前衬衫上来回擦了几下，莲雾的光泽便显露出来，然后他递给我叫我当场吃下。

"要不要洗一下？"我说。

"免啦，海边的莲雾很少洒农药。"

我们便在南方旅店里吃起林边莲雾来。果然，这莲雾与一般的不同，它结实香脆、水分较少，比一般莲雾甜得多，一点也吃不出来是种在海边的咸地上。我把吃莲雾的感想告诉了青年，他非常开心地笑起来，说："我就知道你会喜欢。今天我出门要来听你的演讲，对我太太说想送一袋莲雾给你，她还骂我神经，说：'莲雾也不是什么贵重的东西！'我就说了：'心意是最贵重的，这一点林先生一定会懂！'"

我听了，心弦被震了一下，说："即使不是林边莲雾，我也会喜欢的。"

"那可不同，其他莲雾怎么可以和林边的相比！"他理直气壮地说道。

我也学他的样子，拿一个莲雾在胸前搓搓，就请他吃了。我们两人就那样大嚼林边莲雾，甚至忘记这是他带来的礼物，或是我在请他吃。

话题还是林边莲雾，我说："很奇怪，林边靠着海岸，怎么可能生出这样好吃的莲雾？"

"因为林边的地是咸的，海风也是咸的，莲雾树吸收了这些盐分，所以就特别香甜了。"他说。

"既然吸收的是盐分，怎么会变成香甜呢？"

"它是一种转化呀！海边水果都有这种能力，像种在海岸的西瓜、香瓜、番茄，都比别的地方香甜，只可惜长得不够大，不被重视。也可以说是一种对比，就像我们吃水果，再不甜的水果只要蘸盐吃，感觉也会甜一些。"这一段话真是听得我目瞪口呆，从盐分变成香甜感觉上是那样的自然。

看我有点儿发怔，青年说："这很容易懂的，就像如果我们拿糖做肥料，种出来的不一定甜。前一阵子不是有些农人在西瓜藤上打糖精吗？那打了糖精的西瓜要多难吃，就有多难吃！"

在那一刻，我感觉眼前的林边青年，就是一位哲学家。后来，他告辞了，我独自坐在旅舍里看着窗外黯淡的大地，吃枣红色的林边莲雾，感受到一种难以言说的滋味。感念这青年开老远的车，送我如此珍贵的礼物，也感念他给我的深刻启发。

在生命里确实是这样的，有时我们是站在咸地上，有时还会被清风吹拂，这是无可奈何的景况。不过，如果我们懂得转化、对比，在逆境中或许可以开出更香脆甜美的果实。

这样想来，林边莲雾是值得欢喜赞叹的，它有深刻的生命力，因而我吃它的时候，也不禁有庄严的心情。

林妈妈水饺

市场里有个小摊，叫作“林妈妈水饺”，做的饺子好吃是附近有名的。

我走过饺子摊的时候都会去买一些饺子回家，二十个一盒的饺子卖三十五元，三盒一百元。有时候就站在那里，欣赏林妈妈与她的先生包饺子，他们的动作十分利落，看起来就像艺术表演一样，一盒饺子一分钟就包好了。

林先生与林妈妈的气质都很好，他们的书卷气看起来一点都不像是在市场包饺子的小贩。他们的人与摊子永远都那样洁净，简直可以用一尘不染来形容。

他们时常带着微笑，一人坐一边，两人包饺子的速度一模一样，包出来的饺子也一模一样。由于饺子好吃，生意好得不得了，常要等一二十分钟才能买到饺子，因此在摊子旁边总是围满等待饺子的人，大家都很安静，仿佛看他们包饺子是享受一般。

但是他们不是天天在固定的地方摆摊，只有星期一、三、六的黄昏才到这里来。有一次我忍不住问：“为什么不天天来呢？”

健谈的林先生立刻接口说："因为我们在四个不同的地方摆摊子哩！饺子可以买回家冷冻，很少人会天天买饺子，通常两天买一次就很多了。"

买饺子的时候，我站在旁边等待，有时就和林先生、林妈妈聊起来，才知道他们原来不是路边的摊贩。林先生做了很多年的杂货批发生意，从大盘商那里批货，送到各地的杂货店去，由于守信尽责，生意做得很不错，但在五六年前做不下去了。

"生意为什么做不下去了呢？"

林先生感慨地说："到处都开起超级市场，他们都是直接进货，根本不需要中盘的批发。再加上连锁经营的超级商店愈来愈多，统一、味全、义美、新东阳到处都是，连一般的小杂货店都收了，何况是批发，不知道要批给谁呀！"

他不得已把批发的事业收了，接下来失业好几个月，这时正好遇到一位朋友是在路边摆摊卖饺子的，朋友劝他何不摆个水饺摊。夫妻两个从头学习包水饺。他说："包水饺不是简单的事，我研究了很久才出来摆摊子。像配料、佐料、馅料都要加得恰到好处，这样才能维持品质。我们摆摊子的人靠的是口碑和信用，慢慢地就做起来了。"

像现在，"林妈妈水饺"的口碑和信用都做起来了，他在四个地方摆摊子，每个地方都要排队等待才能买到。

"生意这么好，一天可以包多少个饺子呢？"

"每天包的饺子在一万到一万五千粒之间。"林先生说。旁边站着的人一阵哗然。他们的饺子一粒一块六毛五，有人算了一下，一天可以卖出一万六千元到二万四千元之间，一个月的盈收超过四十万元。

“真是不得了，比上班好太多了！”旁边的一位主妇忍不住叫起来。

“对呀！早知道包饺子生意这么好，我就不做食品批发，来卖饺子了。”林先生风趣地说，但是他立刻更正说，“不过，卖饺子也真的很辛苦，在家里的时间都在忙配料，出来摆摊的时候，一坐就是一整天，每一粒饺子都是辛苦捏出来的，不像上班，偶尔还可以休息、偷懒一下。”

林先生真实的说法，令我也感到吃惊，没想到占地不到半坪的一张桌子，一天可以制造一万粒以上的饺子，也没有想到摆摊子一个月有数十万元的收入。不禁想起老辈时常说的：“要做牛，免惊无犁可拖。”一个人只要勤劳、肯用心，天确实没有绝人之路，不仅不会绝人，还会让人在绝境中开展出新的天地。

台湾的经济奇迹，是由一些平凡的老百姓靠勤劳与用心而建造起来的。隐没在我们生活四周的许多“排骨大王”“豆浆大王”“臭豆腐大王”等各种大王，也是像“林妈妈水饺”一样，是一个一个在平凡中捏塑出来的，说不定哪一天，“林妈妈水饺”就会变成“林妈妈水饺大王”了。

我们不必欣羡小小的饺子摊可以带来那么高的收入，因为只要一个人守本分，肯勤劳用心于生活，都可能创造类似的奇迹，就像林先生说的：“我觉得咱生在这里的人真好，只要肯做，就赚得到钱。这世界上有太多地方，即使你肯做，也不一定赚得到钱！”

买好水饺，我沿着市场泥泞的小巷走回家。看到更多我认识的乡亲，有的是从阳明山载菜来卖的，有的是从宜兰开车来卖海梨柑，有的是坪林挑菜来卖的，有的声嘶力竭地卖着自己种的柳丁，他们都那样认命无怨地在生活。在黄昏的市集散去之后，他们都会回到温暖的家，准备着明天生活的再出发。看着他们脸上坚强的表情，与生活的风霜拼斗，不禁令我感动起来。

我们在人世里扮演着不同的角色，那是由于各有不同的机缘，因此我们应该安于自己的角色，长存感谢的心。像我认识的市场小贩，大部分都是慈济功德会的会员，他们以行善、布施来表达他们内心的感恩。

夜里，煮着“林妈妈水饺”，感到有一种特别的温暖。是呀！在流转的人间，我们要互相爱护、互相尊重、互相崇敬，因为每一个人都不可轻侮，各有尊严的生命。

家有香椿树

我在市场里看到有人卖香椿，一大把十元，简直有点欣喜若狂，立刻买了三把回家。当天晚上就做了香椿拌面、香椿炒蛋、炸香椿，吃的时候自己都觉得好笑，感觉自己就像得了相思病，不，是“香椿病”。

说起香椿，它给人的味觉是很难形容的。它的香气强烈而细致，与一般的香菜，像芫荽、芹菜、紫苏，大为不同，食之风动，令人心醉。香椿与一般香菜更不同的是，一般香菜多为草本，香椿树却是乔木，可以长到三四丈高，如果家里种有一棵香椿树，一年四季就都有香椿可吃。

我对香椿的感情是从小就培养出来的。我们以前在山上的家，屋后就有几棵极高大的香椿树，树干笔直，羽状复叶，树形和树叶都非常优雅，是非常美的树木。

我的父亲独沽一味，非常喜欢香椿的气味。他白天出去耕作，黄昏回来的时候，就会随手摘一些香椿的嫩叶回家，但是偏偏母亲不喜欢香椿的味道，所以父亲时常要自己动手。他把香椿叶剁碎，拌面或

香椿的香气强烈而细致，与一般的香菜，像芫荽、芹菜、紫苏，大为不同，食之风动，令人心醉。

拌饭，加一点油、一点酱油，就是人间至极的美味。

最简单的做法，是把香椿剁碎了放在酱油里，不管蘸什么东西吃，那食物立刻布满了香椿的强烈的气息。

次简单的做法，是用香椿叶来炒蛋，美味远非菜脯蛋、洋葱蛋可比。或者是用蛋和面粉裹香椿叶下锅去油炸，炸得酥黄香脆，可以当饼干吃。或者，用香椿拌豆腐。

还有复杂一点的，就是以香椿叶子包饺子、包子、粽子，香气宜人。

我受了父亲的调教，自小就嗜食香椿，只要有香椿叶子，什么东西都吃得下了。而香椿树那种独一无二的气味，也陪伴了我的童年。那高大的香椿树每到初夏，就会开出一簇簇的小白花，整个天空就会弥漫着一种清香，然后，结果了，果熟裂开了，香椿树带着小翅膀的种子就会随风飞到远方。

有时候在林间会发现新长出的香椿树，那时，我就知道有一颗香椿树的种子曾落在这里。香椿树的幼苗和嫩叶一样，刚生长的时候是红色的，慢慢转为橙色，最后变成翠绿色。父亲常说："香椿如果变成绿色就不好吃了。"因为绿色的香椿纤维太粗，气味太烈了。

有时候，我路过山道，看到小香椿树，就会摘一片叶子来闻嗅，然后放在嘴里细细地咀嚼，特别感到香椿的香甘清美，真不愧是香椿呀！

自从到台北以后，就难能品尝到香椿的滋味了，所以每次回乡下，总会设法去找一些香椿来吃。有一年，我住在木栅的兴隆山庄，特地向朋友要来两棵香椿树的幼苗种在院子里。香椿树长得有一人高，我偶尔会依照父亲的食谱，摘香椿叶来试做，滋味依然鲜美，于是就会唤起从前那遥远的记忆。

后来我搬家了，也不知道院子里那两棵香椿树变成什么样子了，会像故乡的香椿树那样长到三四丈高吗？会开花吗？种子也会飞翔吗？

有一次读庄子的《逍遥游》，里面说道："上古有大椿者，以八千岁为春，八千岁为秋。"所以香椿树应该是很长寿的。由这个典故，以香椿有寿考之征，所以古人称父亲为"椿"，称母亲为"萱"。唐朝牟融有诗说："堂上椿萱雪满头"，是说父母已经白发苍苍了。

父亲过世之后，我也吃过几次香椿，但每次那强烈的气息都会给我带来悲情，使我想起父亲，以及他手植的香椿树。他常说："香椿是很上等的木材，等长好了，我们自己砍下来做家具。"一直到他离开这个世界，他也没有砍过一棵香椿树。我以前一直以为是香椿还没有长好，现在才知道那是感情的因素。八千年为春秋，那是永远也长不好了。但愿，父亲在极乐世界也会有香椿拌面可以吃。

端午节的时候，我路过松山的永春市场，看到有人在路边卖"香椿粽子"，便买了几个来吃，真有一点父亲的味道。唉！

吃香椿粽子的时候，我决定了，将来如果有一个庄园，屋前屋后我都要种几棵香椿树，来纪念父亲。

长命菜

每年在围炉吃年夜饭的时候，母亲都会准备一盘“长命菜”。“长命菜”是南部乡下过年的习俗，几乎每一家都会准备。

“长命菜”并不是什么特别的菜，只是普通的菠菜，由于是农人为过年习俗特别种植的，所以又和一般菠菜不一样。大约是菠菜长到八寸至一尺长时采摘，采的时候要连根拔起，不论根、茎、叶都不可折断。

采好后洗净，一束束摆在菜摊，绿色的茎叶配着艳红的根，非常好看。

家里种菜的时候，母亲会在除夕当天的清晨到菜园去采菠菜，每次都是小心翼翼，生怕折断了。后来家里不种菜了，就会到市场去选特别嫩的菠菜来做“长命菜”。

“长命菜”的做法最简单了，就是把菠菜放在水里烫熟，一棵棵摊平摆在盘中（不可弯折）。每次看到煮熟的菠菜，都使我想起李翰祥电影《乾隆下江南》里，乾隆皇帝到江南吃到一道名菜“红嘴绿鹦哥”，认为是人间至极的美味，其实只是连着根的菠菜罢了。

“不可咬断，要连根一起吞下去！”在吃“长命菜”前，父亲都会煞有介事地叮咛我们，并且先示范表演一番。

我们都会信以为真，然而小孩子喉咙细，吞起一棵菠菜也不是那么容易的，好不容易把一棵“长命菜”吞进腹中，耳畔就会响起一片鼓励的掌声。等到所有的人把“长命菜”吞完，年夜饭才算正式开始。

“长命菜”是乡下平凡百姓对生命最大的祝愿，希望新的一年有一个好的开始，并且能长命百岁。生命纵使有苦难的时刻，因为有这样的祝愿，仿佛幸福也在不远之处。

当然，吃“长命菜”不会使人长命百岁，从小逼迫我们吃“长命菜”的父亲，早就走完了人生的旅程。与我们排队吃“长命菜”的堂兄弟姐妹，也有四位离开了世间，其他的兄弟姐妹也因为散居世界各地而星云四散了。

“长命菜”不长命，团圆饭不团圆，这并不是什么悲哀的事，而是人间的真情实景。我们每年还是渴望着团圆，笑闹着吃“长命菜”，因为那是一种“希望工程”，希望我们能珍惜今生的缘分，希望我们都能活得更长命，来和亲爱的家人相守。

闽南语歌曲《走马灯》里有这样几句：“星光月光转无停，人生呀人生，冷暖世情多演变，人生宛如走马灯。”每次到过年就会想到这首歌，想到星月的流转，年华的短促；想起历尽沧桑的情景，悲欢离合转不停。这时候就会觉得只要能珍惜着今年今夜、此情此景，便是生命的幸福了。

儿时吃“长命菜”那种欢欣鼓舞的景象，常常宛如生命的掌声，推着我们前进。

只要我们的爱与幸福可以绵延，使欢喜充满在每一刻，那就是生命最大的祝愿了。

因此，不管我在天涯海角，每年过年的时候，我都会亲自准备一盘“长命菜”，想起父亲，还有一些难以忘怀的生命的痕迹！

红心番薯

看我吃完了两个红心番薯，父亲才放心地起身离去，走的时候还落寞地说："为什么不找个有土地的房子呢？"

这次父亲北来，是因为家里的红心番薯有了收成，特地背了一袋给我，还挑选几个格外好的，希望我种在庭前的院子里。他万万没有想到，我早已从郊外的平房搬到城中的大厦，根本是容不下绿色的地方，甚至长不出一株狗尾草，更不要说番薯了。

到车站接了父亲回到家里，我无法形容父亲的表情有多么的近乎无望。他在屋内转了三圈，才放下提着的麻袋，愤愤地说："伊娘咧！你竟住在无土的所在！"一个人住在脚踏不到泥土的地方，父亲不能忍受，这也是我看到他的表情才知道的。然后他的愤愤转成喃喃："你住在这种上不着天下不落地的所在，我带来的番薯要种在哪里？要种在哪里？"

父亲对番薯的感情，也是这两年我才深切知道的。

有一次是我站在旧家前，看着河堤延伸过来的苇芒花，在微凉秋风中摇动着，那些遍地蔓生的苇芒长得有一人高。我看到较近的苇芒摇动得特别厉害，凝神注视，才突然看到父亲走在那一片苇芒里。我大吃一惊。原来父亲的头发和秋天灰白的苇芒花是同一个颜色，他在遍生苇芒的野地里走了几百米，我竟未能看见。

那时我站在家前的番薯田里，父亲来到我的面前，微笑地问："在看番薯吗？你看长得像羊头一样大了哩！"说着，他蹲下来很细心地拨开泥土，捧出一个精壮圆实的番薯来，以一种赞叹的神情注视着番薯。我带着未能在苇芒花中看见父亲身影的愧疚心情，与他面对面蹲着。父亲突然像儿童一般天真欢愉地叹了一口气，很自得地说："你看，恐怕没有人种番薯种得比我好了。"然后他小心翼翼地把那个番薯埋入土中，动作像在收藏一件艺术品，神情庄重而带着收获的欢愉。

父亲的神情使我想起幼年有关于番薯的一些记忆。有一次我和几位大陆来的小孩子吵架，他们一直骂着："番薯呀！番薯呀！"我们就回骂："老芋呀！老芋呀！"

对这两个名词我是疑惑的，回家询问了父亲。那天他喝了几杯老酒，神情至为愉快，他打开一张老旧的地图，指着台湾的那一部分说："台湾的样子真是像极了红心的番薯，你们是这番薯的子弟呀！"而无知的我便指着北方广大的大陆说："那，这大陆的形状就是一个大的芋头了，所以大陆人是芋仔的子弟？"父亲大笑起来，抚着我的头说："憨囝仔，我们也是大陆来的，只是来得比较早而已。"

然后他用一支红笔，从我们遥远的北方故乡有力地画下来，连到我们所居的台湾南部。那是我第一次在十烛光的灯泡下认识到，芋头与番薯原来是极其相似的植物，并不是我们想象中那么判然有别的；

也第一次知道，原来在东北会落雪的故乡，也遍生着红心的番薯！

更早的记忆是从我会吃饭开始的。家里每次收成番薯，总是保留一部分填置在木板的眠床底下。我们的每餐饭中一定煮了三分之一的番薯，早晨的稀饭里也放了番薯。有时吃腻了，我就抱怨起来。

听完我的抱怨，父亲就激动地说起他少年的往事。他们那时为了躲警报，常常在防空壕里一窝就是一整天。所以祖母每每把番薯煮好放着，一旦警报声响，父亲的九个兄弟姐妹就每人抱两三个番薯直奔防空壕，一边啃番薯，一边听飞机和炮弹四处交响。他的结论常常是：“那时候有番薯吃已经是天大的幸福了。”他说完这个故事，我们只好默然地把番薯扒到嘴里去。

父亲的番薯训诫并不是都如此严肃，偶尔也会说起战前在日本人的小学堂中放屁的事。由于吃多了番薯，屁有时是忍耐不住的，当时吃番薯又是一般家庭所不能免，父亲形容说：“因此一进了教室往往是战云密布，不时传来放屁声。”他说放屁是会传染的，常常一呼百应，万众皆响。有一回屁响得太厉害，全班被日本老师罚跪在窗前，即使跪着，屁声仍然不断。父亲玩笑地说：“因为跪的姿势，屁声好像更响了。”他说这些的时候，我们通常吃番薯吃得比较甘心，放起屁来也不以为忤了。

然后是一阵战乱，父亲到南洋打了几年仗。在丛林之中，时常从睡梦中把他唤醒、时常让他在思乡时候落泪的，不是别的珍宝，只是普普通通的红心番薯。它烤炙过的香味，穿过数年的烽火，在万金家书也不能抵达的南洋，温暖了一位年轻战士的心，并呼唤他平安地回到家乡。他有时想到番薯的香味，一张像极番薯形状的台湾地图就清楚地浮现，思绪接着往南方移动，接下来的图像便是温暖的家园，还有宽广无边结满黄金稻穗的大平原……

战后返回家乡，父亲做的第一件事便是在家前家后种满了番薯，日后遂成为我们家的传统。家前种的是白瓤番薯，粗大壮实，可以长到十斤以上一个；屋后一小片园地是红心番薯，一串一串的果实，细小而甜美。白瓤番薯是为了预防战争逃难而准备的，红心番薯则是父亲南洋梦里的乡思。

每年一到父亲从南洋归来的纪念日，夜晚的一餐我们通常不吃饭，只吃红心番薯，听父亲诉说战争的种种，那是我农夫父亲的忧患意识。他总是记得饥饿的年代里番薯是可以饱腹的。如今回想起来，一家人围着小灯食薯，那种景况，我在梵高的名画《食薯者》中几乎看见。在沉默中，那是庄严而肃穆的。

在富裕的此时此地，父亲的忧患恍若一个神话。大部分人永远不知有枪声，只有极少数经过战争的人，在他们的心底有一段番薯的岁月，那岁月里永远有枪声时起时落。

由于有那样的童年，日后我在各地旅行的时候，便格外留心番薯的踪迹。我发现在我们所居住的这张番薯形状的地图上，从最北角到最南端，从山坡上贫瘠的石头地到河岸边肥沃的沙埔，番薯都能够坚强地、不经由任何肥料与农药而向四方生长，并结出丰硕的果实。

有一次，我在澎湖的无人岛上，看到人所耕种的植物几乎都被野草吞灭了，只有遍生的番薯还在和野草争着方寸。它在无情的海风烈日下开出一片淡红的晨曦颜色的花，而且在最深的土里，各自紧紧握着拳头。那时我知道在人所种植的作物之中，番薯是最强悍的。

这样想着，幼年家前家后的番薯花突然在脑中闪现。番薯花的形状和颜色都像牵牛花，唯一不同的是，牵牛花不论在篱笆上还是在阴湿的沟边，都是抬头挺胸，仿佛要探知人世的风景；番薯花则通常是卑微地依着土地，好像在嗅着泥上的芳香。在夕阳将下之际，牵牛花开始萎落，而那时的番薯花却开得正美，淡红夕云一样的色泽，染满了整片土地。

正如父亲常说的，世界上没有一种植物比得上番薯，它从头到脚都有用，连花也是美的。现在连台北最干净的菜场也有番薯叶卖，价钱还颇不便宜。有谁想到这是在乡间最卑贱的菜，是逃难的时候才吃的？

在我居住的地方，巷口本来有一位卖糖番薯的老人，一个滚圆的大铁锅，挂满了糖渍过的番薯，开锅的时候，一缕扑鼻的香味四面扬散。那些番薯是去皮的，长得很细小，却总像记录着某种心底的珍藏。有时候我向老人买一个番薯，一边散步回来一边吃着，那蜜一样的滋味进了腹中，却有一点酸苦，因为老人的脸总使我想起在烽烟中奔走过的风霜。

老人是离乱中幸存的老兵，家乡在山东偏远的小县城。有一回，我们为了地瓜问题争辩起来，老人坚称台湾的红心番薯如何也比不上他家乡的红瓤地瓜，他的理由是：“台湾多雨水，地瓜哪有俺家乡的甜？俺家乡的地瓜真是甜得像蜜！”老人说话的神情好像他已回到家乡，站在地瓜田里一样。看着他的神情，使我想起父亲和他的南洋、他在烽火中的梦，我才真正知道，番薯虽然卑微，但它却联结着乡愁的土地，永远在乡思的天地里吐露新芽。

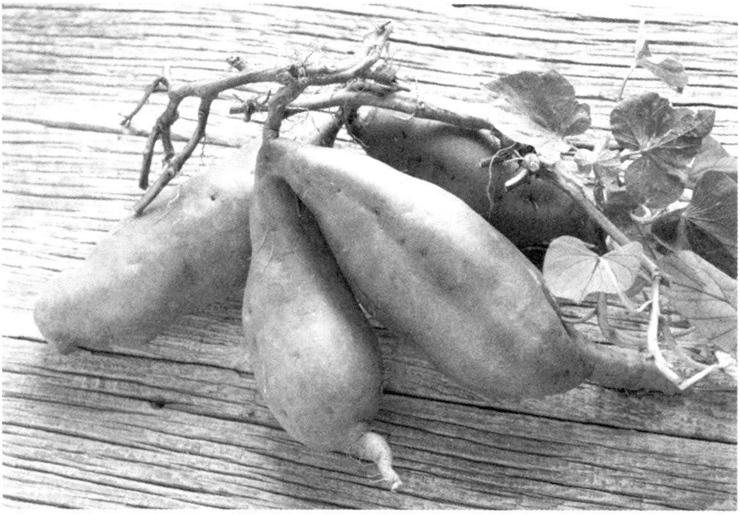

世界上没有一种植物比得上番薯，

它从头到脚都有用，

连花也是美的。

父亲送我的红心番薯，过了许久，有些要发芽的样子。我突然想起在巷口卖糖番薯的老人，便提去巷口送他，没想到老人改行卖牛肉面了。我说：“你为什么不卖地瓜呢？”老人愕然地说：“唉！这年头，人连米饭都不肯吃了，谁来买俺的地瓜呢？”我无奈地提着番薯回家，把番薯袋子丢在地上，一个番薯从袋口跳出来，破了，露出鲜红的血肉。这些无知的番薯，为何经过三十年，心还是红的，不肯改一点颜色？

老人和父亲生长在不同背景的同一个年代，他们在颠沛流离的大时代里，只是渺小而微不足道的人，可能只有那破了皮的红心番薯才能记录他们心里的颜色。那颜色如清晨的番薯花，在晨曦掩映的云彩中，曾经欣欣地茂盛过，曾经以卑微的累累球根互相拥抱、互相温暖过。他们之所以能卑微地活过人世的烽火，是因为在心底的深处有着故乡的骄傲。

站在阳台上，我看到父亲去年给我的红心番薯，任意种在花盆中，放在阳台的花架上。如今，它的绿叶已经长到磨石子地上，有的甚至伸出阳台的栏杆，仿佛在找寻什么。每一丛红心番薯的小叶下都长出根的触须，在石地板上久了，有点萎缩而干枯。那小小的红心番薯是在找寻它熟悉的土地吧！因为土地，我想起父亲在田中耕种的背影，那背影的远处，是他从芦苇丛中远远走来，到很近的地方，花白的发冒出了苇芒。为什么番薯的心还红着，父亲的发竟白了？

在我十岁那年，父亲首次带我到都市来。我们行经一片被拆除公寓的工地，工地堆满了砖块和沙石。父亲在堆置的砖块缝中一眼就辨认出几片番薯叶子，我们循着叶子的茎络，终于找到一株几乎被完全掩埋的根。父亲说：“你看看这番薯，根上只要有土，它就可以长出来。”然后他没有再说什么，执起我的手，走路去饭店参加堂哥的隆重婚礼。如今我细想起来，那一株被埋在建筑工地的番薯是有着逃难的身世的，由于它的脚在泥土上，苦难无法掩埋它，比起这些种在花盆中的番薯，它有着另外的命运和不同的幸福，就像我们远离了百年的战乱，住在看起来隐秘而安全的大楼里，却多了失去泥土的悲哀——伊娘咧！你竟住在无土的所在！

星空夜静，我站在阳台上仔细端凝盆中的红心番薯，发现它吸收了夜的露水，细瘦的叶片上，片片冒出了水珠，每一片叶都沉默地小心地呼吸着。那时，我几乎听到了一个有泥土的大时代，上一代人的狂歌与低吟都埋在那小小的花盆中，只有静夜的敏感才能听见。

吾心似秋月

白云守端禅师有一次与师父杨岐方会禅师对坐，杨岐问："听说你从前的师父茶陵郁和尚大悟时说了一首偈，你还记得吗？"

"记得，记得，那首偈是'我有明珠一颗，久被尘劳关锁；一朝尘尽光生，照破山河万朵'。"白云毕恭毕敬地说，不免有些得意。

杨岐听了，大笑数声，一言不发地走了。

白云怔坐在当场，不知道师父听了自己说的偈为什么大笑，心里非常愁闷，整天都思索着师父的笑，找不出任何足以令师父大笑的原因。那天晚上他辗转反侧，无法成眠，苦苦地参了一夜。第二天实在忍不住了，大清早就去请教师父："师父听到郁和尚的偈为什么大笑呢？"

杨岐禅师笑得更开心了，对着眼眶因失眠而发黑的弟子说："原来你还比不上一个小丑，小丑不怕人笑，你却怕人笑！"白云听了，豁然开悟。

这真是个幽默的公案，参禅寻求自悟的禅师把自己的心思寄托在别人的一言一行上，因为别人的一言一行而苦恼，真的还不如小丑能笑骂由他，言行自在，那么了生脱死，见性成佛，哪里可以得致呢？

杨岐方会禅师在追随石霜慈明禅师时，也和白云遭遇了同样的问题。有一次他在山路上遇见石霜，故意挡住去路，问说：“狭路相逢时如何？”石霜说：“你且躲避，我要去那里去！”

又有一次，石霜上堂的时候，杨岐问道：“幽鸟语喃喃，辞云入乱峰时如何？”石霜回答说：“我行荒草里，汝又入深村。”

这些无不都说明，禅心的体悟是绝对自我的，即使亲如师徒、父子也无法同行。就好像人人家里都有宝藏，师父只能指出宝藏的珍贵，却无法把宝藏赠予。杨岐禅师曾留下禅语：“心是根，法是尘，两种犹如镜上痕，痕垢尽时光始现，心法双亡性即真。”人人都有一面镜子，镜子与镜子间虽可互相照映，却是不能取代的。若把自己的喜怒哀乐寄托在别人的喜怒哀乐上，那就是永远在镜上抹痕，找不到光明落脚的地方。

在实际的人生里也是如此，我们常常会因为别人的一个眼神、一句笑谈、一个动作而心不自安，甚至茶饭不思、睡不安枕。其实，这些眼神、笑谈、动作在很多时候都是没有意义的。我们之所以心为之动乱，只是由于我们在乎。万一双方都在乎，就会造成“狭路相逢”的局面了。

生活在风涛泪浪里的我们，要做到不畏人言人笑，确实是非常不易，那是因为我们一方面在人我对应的生活中寻找依赖，另一方面则又在依赖中寻找自尊，偏偏“依赖”与“自尊”又充满了挣扎与矛盾，使我们不能彻底地有人格的统一。

我们时常在报纸的社会版上看到，甚或在生活周遭的亲朋中遇见，许多自虐、自残、自杀的人，理由往往是："我伤害自己，是为了让他痛苦一辈子。"这个简单的理由造成了许多人间的悲剧。然而更大的悲剧是，当我们自残的时候，那个"他"还是活得很好。即使真能使他痛苦，他的痛苦也会在时空中抚平，反而我们自残的伤痕一生一世也抹不掉。纵然情况完全合乎我们的预测，真使"他"一辈子痛苦，又于事何补呢？

可见，"我伤害自己，是为了让他痛苦一辈子"是多么天真无知的想法，因为别人的痛苦或快乐是由别人主宰，而不是由我主宰的。为让别人痛苦而自我伤害，往往不一定使别人痛苦，却一定使自己落入不可自拔的深渊。反之，我的苦乐也应由我做主，若由别人主宰我的苦乐，那就蒙昧了心里的镜子，有如一个陀螺，因别人的绳索而转，转到力尽而止，如何对生命有智慧的观照呢？

认识自我、回归自我、反观自我、主掌自我，就成为智慧开启最重要的事。

小丑由于认识自我，不畏人笑，故能悲喜自在；成功者由于回归自我，可以不怕受伤，反败为胜；禅师由于反观自我如空明之镜，可以不染烟尘，直观世界。认识、回归、反观自我都是通向自己做主人的方法。

但自我的认识、回归、反观不是高傲的，也不是唯我独尊，而应该有包容的心与从容的生活。包容的心是知道即使没有我，世界一样会继续运行，时空也不会有一刻中断，这样可以让人谦卑。从容的生活是知道即使我再紧张、再迅速，也无法使地球停止一秒，那么何不以从容的态度来面对世界呢？唯有从容的生活才能让人自重。

佛教的经典与禅师的体悟，时常把心的状态称为“心水”或“明镜”，这有甚深微妙之意。但“包容的心”与“从容的生活”庶几近之，包容的心不是柔软如心水，从容的生活不是清明如镜吗？

水，可以以任何状态存在于世界，不管它被装在何种容器中，都会与容器处于和谐统一，但它不会因容器是方的就变成方的。它无须争辩，却永远不损伤自己的本质，永远可以回归到无碍的状态。心若能持平清净如水，装在圆的或方的容器，甚至在溪河大海之中，又有什么损伤呢？

水可以包容一切，也可以被一切包容，因为水性永远不二。

但如水的心，要保持在温暖的状态才可启用。心若寒冷，则结成冰，可以割裂皮肉，甚至冻结世界；心若燥热，则化成烟气消逝，不能再觅，甚至烫伤自己，燃烧世界。

如水的心也要保持在清净与平和的状态才能有益，若化为大洪、巨瀑、狂浪，则会在汹涌中迷失自我，乃至伤害世界。

我们在现实生活中之所以会遭遇苦痛，正是无法认识心的实相，无法恒久保持温暖与平静。我们被炽烈的情绪燃烧时，就化成贪婪、嗔恨、愚痴的烟气，看不见自己的方向；我们被冷酷的情感冻结时，就凝成傲慢、怀疑、自怜的冰块，不能用来洗涤受伤的创口了。

禅的伟大正在这里，它不否定现实的一切冰冻、燃烧、澎湃，而是开启我们的本质，教导我们认识心水的实相。心水的如如之状，并保持这“第一义”的本质，不因现实的寒冷、人生的热恼、生活的波动，而忘失自我的温暖与清净。

镜，也是一样的。

水可以包容一切，
也可以被一切包容，
因为水性永远不二。

一面清明的镜子，不论是最美丽的玫瑰花或最丑陋的屎尿，都会显出清楚明确的样貌；不论是悠忽缥缈的白云或平静恒久的绿野，也都能自在扮演它的状态。

可是，如果镜子脏了，它照出的一切都是脏的；一旦镜子破碎了，它就完全失去觉照的功能。肮脏的镜子就好像品格低劣的人，所见到的世界都与他一样卑劣；破碎的镜子就如同心性狂乱的疯子，他见到的世界因自己的分裂而无法启用了。

禅的伟大也在这里，它并不教导我们把屎尿看成玫瑰花，而是教我们把屎尿看成屎尿，玫瑰花看成玫瑰花；它既不否定卑劣的人格，也不排斥狂乱的身心，而是教导卑劣者擦拭自我的尘埃，转成清明，以及指引狂乱者回归自我，有完整的观照。

水与镜子是相似的东西，平静的水有镜子的功能，清明的镜子与水一样晶莹，水中之月与镜中之月不是同样的月之幻影吗？

禅心其实就是在告诉我们，人间的一切喜乐我们要看清，生命的苦难我们也该承受，因为在终极之境，喜乐是映在镜中的微笑，苦难是水面偶尔飞过的鸟影。流过空中的鸟影令人怅然，镜里的笑痕令人回味，却只是偶然的一次投影呀！

唐朝的光宅慧忠禅师，因为修行甚深微妙，被唐肃宗迎入京都，待以师礼，朝野都尊其为国师。

有一天，当朝的大臣鱼朝恩来拜见国师，问曰：“何者是无明，无明从何时起？”

慧忠国师不客气地说：“佛法衰相今现，奴也解问佛法！”（佛法快要衰败了，像你这样的人也懂得问佛法！）

鱼朝恩从未受过这样的屈辱，勃然变色，正要发作，国师说："此是无明，无明从此起。"（这就是蒙蔽心性的无明，心性的蒙蔽就是这样开始的。）

鱼朝恩当即有省，从此对慧忠国师更为钦敬。

正是如此，任何一个外在因缘而使我们波动都是无明，如果能止息外在所带来的内心波动，则无明即止，心也就清明了。

大慧宗杲禅师也有一个类似的故事。有一天，一位将军来拜见他，对他说："等我回家把习气除尽了，再来随师父出家参禅。"

大慧禅师一言不发，只是微笑。

过了几天，将军果然又来拜见，说："师父，我已经除去习气，要来出家参禅了。"

大慧禅师说："缘何起得早，妻与他人眠。"（你怎么起得这么早，让妻子在家里和别人睡觉呢？）

将军大怒："何方僧秃子，焉敢乱开言！"

禅师大笑，说："你要出家参禅，还早呢！"

可见要做到真心体寂，哀乐不动，不为外境言语流转迁动是多么不易。

我们被外境的迁动就有如对着空中撒网，必然是空手而出，空手而回，只是感到人间徒然，空叹人心不古，世态炎凉罢了。禅师，以及他们留下的经典，都告诉我们本然的真性如澄水、如明镜、如月亮，我们几时见过大海被责骂而还口、明镜被称赞而欢喜、月亮被歌颂而改变呢？大海若能为人所动，就不会如此辽阔；明镜若能被人刺激，就不会这样干净；月亮若能随人而转，就不会那样温柔遍照了。

两袖一甩，清风明月；仰天一笑，快意平生；布履一双，山河自在；我有明珠一颗，照破山河万朵……这些都是禅师的境界，我们虽不能至，心向往之。如果可以在生活中多留一些自己给自己，不要千丝万缕地被别人迁动，在觉性明朗的那一刻，或也能看见般若之花的开放。

历代禅师中最不修边幅，不在意别人眼目的就是寒山、拾得。寒山有一首诗说：

吾心似秋月，
碧潭清皎洁。
无物堪比伦，
更与何人说。

明月为云所遮，我知明月犹在云层深处；碧潭在无声的黑夜中虽不能见，我知潭水仍清。那是由于我知道明月与碧潭平常的样子，在心的清明也是如此。

可叹的是，我要用什么语言才说得清楚呢？寒山大师在很久很久以前就有这样清澈动人的叹息了！

幸福的开关

一直到现在，我每次看到在街边喝汽水的孩童，总会多注视一眼。而每次走进超级市场，看到满墙满架的汽水、可乐、果汁饮料，心里则颇有感慨。

看到这些，总令我想起童年时代想要喝汽水而不可得的景况。在台湾初光复不久的那几年，乡间的农民虽不致饥寒交迫，但是想要三餐都吃饱似乎也不太可得，尤其是人口众多的家族，更不要说有什么零嘴饮料了。

我小时候对汽水有一种特别奇妙的向往，原因不在汽水有什么好喝，而是由于喝不到汽水。我们家是有几十口人的大家族，小孩依大排行就有十八个之多，记忆里东西仿佛永远不够吃，更别说喝汽水了。

喝汽水的时机有三种，一种是喜庆宴会，一种是过年的年夜饭，一种是庙会节庆。即使有汽水，也总是不够喝。到要喝汽水时好像在进行一个隆重的仪式，十八个杯子在桌上排成一列，依序各倒半杯，几乎喝一口就光了，然后大家舔舔嘴唇，觉得汽水的滋味真是鲜美。

有一回，我走在街上的时候，看到一个孩子喝饱了汽水，站在屋檐下呕气，呕——长长的一声，我站在旁边简直看呆了，羡慕得要死掉，忍不住忧伤地自问道：什么时候我才能喝汽水喝到饱？什么时候才能喝汽水喝到呕气？因为到读小学的时候，我还没有尝过喝汽水喝到呕气的滋味。心想，能喝汽水喝到把气呕出来，不知道是何等幸福的事。

当时家里还点油灯，灯油就是煤油，闽南语称作“臭油”或“番仔油”。有一次，我的母亲把臭油装在空的汽水瓶里，放置在桌脚旁，我趁大人不注意，一个箭步就把汽水瓶拿起来往嘴里灌，当场两眼翻白、口吐白沫，经过医生的急救才活转过来。为了喝汽水而差一点丧命，后来成为家里的笑谈，却并没有阻绝我对汽水的向往。

在小学三年级的时候，有一位堂兄快结婚了，我在他结婚的前一晚竟辗转反侧地失眠了。我躺在床上暗暗地发愿：明天一定要喝汽水喝到饱，至少喝到呕气。

第二天我一直在庭院前窥探，看汽水送来了没有。到上午九点多，看到杂货店的人送来几大箱的汽水，堆叠在一处，我飞也似的跑过去，提了两大瓶黑松汽水，就往茅房跑去。彼时农村的厕所都盖在远离住屋的几十米之外，有一个大粪坑，几星期才清理一次。我们小孩子平时是很恨进茅房的，卫生问题通常是就地解决，因为里面实在太臭了。但是那一天我早计划好要在里面喝汽水，那是家里唯一隐秘的地方。

我把茅房的门反锁，接着打开两瓶汽水，然后以一种虔诚的心情，把汽水咕嘟咕嘟地往嘴里灌，就像灌蟋蟀一样。一瓶汽水一会儿就喝光了，几乎一刻也不停地，我把第二瓶汽水也灌进腹中。

我的肚子整个胀起来，安静地坐在茅房地板上，等待着呕气。慢慢地，肚子有了动静，一股沛然莫之能御的气翻涌出来，呕——汽水的气从口鼻冒了出来，冒得我满眼都是泪水。我长长地叹了一口气："这个世界上再也没有比喝汽水喝到呕气更幸福的事了吧！"然后朝圣一般打开茅房的木栓，走出来，发现阳光是那么温暖明亮，好像从天上回到了人间。

每一粒米都充满幸福的香气

在茅房喝汽水的时候，我忘记了茅房的臭味，忘记了人间的烦恼，觉得自己是世上最幸福的人，一直到今天我还记得那年叹息的情景。当我重复地说："这个世界上再也没有比喝汽水喝到呕气更幸福的事了吧！"心里百感交集，眼泪忍不住就要落下来。

贫困的岁月里，人也能感受到某些深刻的幸福，像我常记得添一碗热腾腾的白饭，浇一匙猪油、一匙酱油，坐在"户定"（厅门的石阶）前细细品味猪油拌饭的芳香，那每一粒米都充满了幸福的香气。

有时这种幸福不是来自食物。我记得当时在我们镇上住了一位卖酱菜的老人，他每天下午的时候都会推着酱菜摊子在村落间穿梭。他沿路都摇着一串清脆的铃铛，在很远的地方就可以听见他的铃声。每次他走到我们家的时候，都在夕阳将落下之际，我一听见他的铃声跑出来，就看见他浑身都浴在黄昏柔美的霞光中。那个画面、那串铃声，使我感到一种难言的幸福，好像把人心灵深处的美感全唤醒了。

有时幸福来自自由自在地在田园中徜徉一个下午。

有时幸福来自看到萝卜田里留下来做种的萝卜，开出一片宝蓝色的花。

有时幸福来自家里的大狗突然生出一窝颜色都不一样的、毛茸茸的小狗。

生命的幸福原来不在于人的环境、人的地位、人所能享受的物质，而在于人的心灵如何与生活对应。因而，幸福不是由外在事物决定的，贫困者有贫困者的幸福，富有者有富有者的幸福，位尊权贵者有其幸福，身份卑微者也有其幸福。在生命里，人人都是有笑有泪；在生活中，人人都有幸福与忧恼，这是人间世界真实的相貌。

从前，我在乡间城市穿梭做报道访问的时候，常能深刻地感受到这一点。坐在夜市喝甩头仔米酒配猪头肉的人，他得到的幸福往往不逊于坐在大饭店里喝 XO 的富豪；蹲在寺庙门口喝一斤二十元粗茶的农夫，他得到的快乐也不逊于喝冠军茶的人；围在甘蔗园吆五喝六，输赢只有几百元的百姓，他得到的刺激绝对不输于在梭哈台上输赢几百万的豪华赌徒。

这个世界原来就是个相对的世界，而不是绝对的世界，因此幸福也是相对的，不是绝对的。

由于世界是相对的，使得到处都充满缺憾，充满了无奈与无言的时刻。但也由于是相对的世界，使得我们不论处在任何景况，都还有幸福的可能，能在绝壁之处也见到缝中的阳光。

我们幸福的感受不全然是世界所给予的，而是来自我们对外在或内在价值的判断。我们的幸福与否，正是由自我的价值观来决定的。

以直观来面对世界

如果，我们没有预设的价值观呢？如果，我们可以随环境调整自己的价值判断呢？

就像一个不知道金钱、物质为何物的赤子，他得到一千元的玩具与十元的玩具，都能感受到一样的幸福。这是因为他没有预设的价值观，能以直观来面对世界，世界也因此以幸福来面对他。

就像我们收到陌生者送的贵重礼物，给我们的幸福感还不如知心朋友寄来的一张卡片。这是我们随环境来调整自己的判断，能透视物质包装内的心灵世界，幸福也因此来面对我们的心灵。

所以，幸福的开关有两个，一个是直观，一个是心灵的品味。

这两者不是来自远方，而是由生活的体会得到的。

什么是直观呢？

有源律师问大珠慧海禅师："和尚修道，还用功否？"

大珠："用功。"

"如何用功？"

"饿来吃饭，困来眠。"

"一切人总如同师用功否？"

"不同！"

"何故不同？"

"他吃饭时不肯吃饭，百种须索；睡时不肯睡，千般计较，所以不同也。"

好好地吃饭、好好地睡觉就是最大的幸福、最深远的修行，这是

幸福的开关有两个，

一个是直观，

一个是心灵的品味。

多么伟大的直观！在禅师的语录里有许多这样的直观，都是在教导、启示我们找到幸福的开关。例如：

百丈怀海说："如今对五欲八风，情无取舍，垢净俱亡，如日月在空，不缘而照；心如木石，亦如香象截流而过，更无滞碍，此人天堂地狱所不能摄也。"

庞蕴居士说："神通并妙用，运水与搬柴。""好雪片片，不落别处。"

沩山灵祐说："一切时中，视听寻常，更无委曲，亦不闭眼塞耳，但情不附物即得……譬如秋水澄清，清净无为，澹泞无碍，唤他作道人，亦名无事之人。"

黄檗希运说："凡人多不肯空心，恐落空。不知自心本空，愚人除事不除心，智者除心不除事。""终日吃饭，未曾咬着一粒米；终日行，未曾踏着一片地。与么时，无人我等相，终日不离一切事，不被诸境惑，方名自在人。"

在禅师的话语中，我们在在处处都看见了一个人如何透过直观，找到自心的安顿、超越的幸福。若要我说世间的修行人所为何事，我可以如是回答："是在开发人生最究竟的幸福。"这一点禅宗四祖道信早就说过了，他说："快乐无忧，故名为佛！"读到这么简单的句子使人心弦震荡，久久还绕梁不止，这不是人间最大的幸福吗？

只是在生命的起落之间，要人永远保有"快乐无忧"的心境是何其不易，那是远远越过了凡尘的青山与溪河的胸怀。因此另一个开关就显得更平易了，就是心灵的品味，仔细地体会生活环节的真义。

垂丝千尺，意在深潭

现代诗人周梦蝶，他吃饭很慢很慢，有时吃一顿饭要两个多小时，有一次我问他：“你吃饭为什么那么慢呢？”

他说：“如果我不这样吃，怎么知道这一粒米与下一粒米的滋味有什么不同？”

我从前不知道他何以能写出那样清新空灵、细致无比的诗歌，听到这个回答时，我完全懂了。那是自心灵细腻的品味，有如百千明镜鉴像，光影相照，使我们看见了幸福原是生活中的花草，粗心的人践花而过，细心的人怜香惜玉罢了。

这正是黄龙慧南说的：“高高山上云，自卷自舒，何亲何疏；深深涧底水，遇曲遇直，无彼无此。众生日用如云水，云水如然人不尔。若得尔，三界轮回何处起？”

也是圆悟克勤说的：“三百六十骨节，一一现无边喧妙身；八万四千毛端，头头彰宝王刹海。不是神通妙用，亦非法尔如然，苟能千眼顿开，直是十方坐断！”

众生在生活里的事物就像云水一样，云水如此，只是人不能自卷自舒、遇曲遇直，都保持幸福之状。保有幸福不是什么神通，只看人能不能千眼顿开，有一个截然的面对。

“垂丝千尺，意在深潭。”我们若想得到心灵真实的皈依处，使幸福有如电灯开关，随时打开，就非时时把品味的丝线放到千尺以上不可。

人间的困厄横逆固然可畏，但人在横逆困厄之际，没有自处之道，不能找到幸福的开关才是最可怕的。因为这世界的困境牢笼不光为我一个人打造，人人皆然。为什么有的人幸福，有的人不幸，实在值得深思。

我有一位朋友，是一家大公司的经理。有一天，我约他去吃番薯稀饭，他断然拒绝了。

他说："我从小就是吃番薯稀饭长大的，十八岁那一年我坐火车离开彰化家乡，在北上的火车上我对天发誓：这一辈子我宁可饿死，也不会再吃番薯稀饭了。"

我听了怔在当地。就这样，他二十年没有吃过一口番薯，也许是这样决绝的志气与誓愿使他步步高升，成为许多人欣羡的成功者。不过，他的回答真是令我惊心，因为在贫困岁月抚养我们成长的番薯是无罪的呀！

当天夜里，我独自去吃番薯稀饭，觉得这被视为卑贱象征的地瓜，仍然滋味无穷。我也是吃番薯稀饭长大的，但不管何时何地吃它，总觉得很好，充满了感恩与幸福。

走出小店，仰望夜空的明星，我听到自己步行在暗巷中清晰而渺远的足音，仿佛是自己走在空谷之中。我知道，我们走过的每一步不一定是完美的，但每一步都有值得深思的意义。

只是，空谷足音，谁愿意驻足聆听呢？

家家有明月清风

到台北近郊登山，在陡峭的石阶中途，看见一个不锈钢桶放在石头上，外面用红漆写了两个字“奉水”，桶耳上挂了两个塑胶茶杯，一红一绿。在炎热的天气里喝了清凉的水，让人在清凉里感觉到人的温情。这桶水是由某一个居住在这城市里的陌生人所提供的，他是每天清晨太阳未升起时就抬这么重的一桶水来，那细致的用心是颇能体会到的。

在烟尘滚滚的尘世，人人把时间看得非常重要，因为时间就是金钱，几乎到了没有人愿意为别人牺牲一点点时间的地步，即使是要好的朋友，如果没有重要的事情，也很难约集。但是当我在喝“奉水”的时候，想到有人在这上面花了时间与心思，牺牲自己的力气，就觉得在忙碌转动的世界，仍然有从容活着的人，他为自己的想法去实践某些奉献的真理，这就是“滔滔人世里，不受人惑的人”。

这使我想起童年住在乡村，在行人路过的路口，或者偏僻的荒村，都时常看到一只大茶壶，上面写着“奉茶”，有时还特别钉一个木架子把茶壶供奉起来。我每次路过“奉茶”，不管是不是口渴，总会灌一大杯凉茶，再继续前行，到现在我都记得喝茶的竹筒子，里面似乎还有竹林的清香。

我稍稍懂事的时候，看到了“奉茶”，总会不自禁地想起乡下土地公庙的样子，感觉应该把放置“奉茶”者的心供奉起来，让人瞻仰。他们就是自己土地上的土地公，对土地与人民有一种无言无私之爱，这是“凡劳苦担重担的人，都到我这里来，我必使他得清凉”的胸怀。我想，有时候人活在这个人世，没有留下任何名姓也不是什么要紧的事，只要对生命与土地有过真正的关怀与付出，就算尽了人的责任。

很久没有看见“奉茶”了，因此在台北郊区看到“奉水”时竟低回良久。到底，不管是茶是水，在乡在城，其中都有人情的温热。山道边一杯微不足道的凉水，使我在爬山的道途中有了很好的心情，并且感觉到不是那么寂寞了。

到了山顶，没想到平台上也有一只完全相同的钢桶，这时写的不是“奉水”，而是“奉茶”，两个塑胶茶杯，一黄一蓝。我倒了一杯来喝，发现茶是滚热的。于是我站在山顶俯视烟尘飞扬的大地，感觉那准备这两桶茶水的人简直是一位禅师了。在完全相同的桶里，一冷一热，一茶一水，连杯子都配得恰恰刚好，这里面到底是隐藏着怎么样的一颗心呢？

我一直认为不管时代如何改变，在时代里总会有一些卓然的人，就好像山林无论如何变化，在山林中总会有一些清越的鸟声一样。同样地，人人都会在时间里变化，最常见的变化是从充满诗情画意逍遥的心灵，变成平凡庸俗而无可奈何；从对人情时序的敏感，变成对一切事物无感。我们在股票号子（这号子取名真好，有点像古代的厕所）里看见许多瞪着广告牌的眼睛，那曾经是看云、看山、看水的眼睛；我们看签六合彩的双手，那曾经是写过情书与诗歌的手；我们看为钱财烦恼奔波的那双脚，那曾经是在海边与原野散过步的脚。我们的眼耳鼻舌身意看起来仍然是和二十年前无异，可是在本质上，有时中夜照镜，已经完全看不出它们的联结，那理想主义的、追求完美的、每一个毛孔都充满光彩的我，究竟何在呢?

清朝诗人张灿有一首短诗："书画琴棋诗酒花，当年件件不离它；而今七事都更变，柴米油盐酱醋茶。"很能表达一般人在时空中流转的变化。从"书画琴棋诗酒花"到"柴米油盐酱醋茶"，人的心灵必然是经过了一番极大的动荡与革命，只是凡人常不自觉自省，任庸俗转动罢了。其实，有伟大怀抱的人物也未能免俗。梁启超有一首《水调歌头》我特别喜欢，其后半阕是："千金剑，万言策，两蹉跎。醉中呵壁自语，醒后一滂沱。不恨年华去也，只恐少年心事，强半为销磨。愿替众生病，稽首礼维摩。"我自己的心境很接近梁任公的这首词。人生的际遇不怕年华老去，怕的是少年心事的"销磨"，到最后只有"醒后一滂沱"了。

在人生道路上，大部分有为的青年，都想为社会、为世界、为人类"奉茶"，只可惜到后来大半的人都回到自己家里喝老人茶了。还有一些人，连喝老人茶自遣都没有兴致了，到中年还能有奉茶的心，是非常难得的。

有人问我，这个社会最缺的是什么东西?

我认为最缺的是两种，一是"从容"，一是"有情"。这两种质量是大国民的质量，但由于我们缺少“从容”，因此很难见到步履雍容、识见高远的人；因为缺少“有情”，则很难看见乾坤朗朗、情趣盎然的人。

社会学家把社会分为青年社会、中年社会、老年社会，青年社会有的是“热情”，老年社会有的是“从容”。我们正好是中年社会，有的是“务实”。务实不是不好，但若没有从容的生活态度与有情的怀抱，务实到最后正好是“柴米油盐酱醋茶”，牺牲了“书画琴棋诗酒花”。一个彻底务实的人其实是麻木的俗人，一个只知道名利实务的社会，则是僵化的庸俗社会。

在《大珠禅师语录》里记载了禅师与一位讲《华严经》座主的对话，可以让我们看见有情与从容的心是多么重要。

座主问大珠慧海禅师：“禅师信无情是佛否？”

大珠回答说：“不信。若无情是佛者，活人应不如死人；死驴死狗，亦应胜于活人。经云：佛身者，即法身也，从戒定慧生，从三明六通生，从一切善法生。若说无情是佛者，大德如今便死，应作佛去。”

这说明禅的心是有情，而不是无知无感的，用到我们实际的人生也是如此。一个有情的人虽不能如无情者用那么多的时间来经营实利（因为情感是要付出时间的），可是一个人如果随着冷漠的环境而使自己的心也沉滞，则绝对不是人生之福。

人生的幸福在很多时候是得自看起来无甚意义的事，例如某些对情爱与知友的缅怀，例如有人突然给了我们一杯清茶，例如在小路上突然听见了冰果店里传来一段喜欢的乐曲，例如在书上读到了一首动人的诗歌，例如听见桑间濮上的老妇说了一段充满启示的话语，例如偶然看见一朵酢浆花的开放……总的说来，人生的幸福来自自我心扉的突然洞开，有如在阴云中突然阳光显露、彩虹当空。这些看来平淡无奇的东西，是在一株草中看见了琼楼玉宇，是由于心中有一座有情的宝殿。

“心扉的突然洞开”，是来自从容，来自有情。

生命的整个过程是连续而没有断灭的，因而年纪的增长等于是生活数据的累积，到了中年的人，往往生活就纠结成一团乱麻了。许多人畏惧这样的乱麻，就拿黄金、酒、色来压制，企图用物质的追求来麻醉精神的僵滞，以至于心灵的安宁和融都展现成为物质的累积。

其实，可以不必如此，如果能有较从容的心情、较有情的胸襟，则能把乱麻的线路抽出、厘清，看清我们是如何地失落了青年时代对理想的追求，看清我们是在什么动机里开始物质权位的奔逐，然后想一想：什么是我要的幸福呢？我最初所向往的幸福是什么？我波动的心为何不再震荡了呢？我是怎么样落入现在这个古井的呢？

我时常想起台湾光复初期的童年时代，那时社会普遍的贫穷，可是大部分人都有丰富的人情，人与人之间充满了关怀，人情义理也不曾被贫苦生活所昧却，乡间小路的“奉茶”正是人情义理最好的象征。记得我的父亲常挂在嘴上的一句话是：“人活着，要像个人。”当时我不懂这句话的含义，现在才算比较了解其中的玄机。人即使生活条件只能像动物那样，也不应该活得如动物失去人的有情、从容、温柔与尊严。在中国历代的忧患悲苦之中，中国人之所以没有失去特质，实在是来自这个简单的意念：“人活着，要像个人！”

人的贫穷不是来自生活的困顿，而是来自在贫穷生活中失去人的尊严；人的富有也不是来自财富的累积，而是来自在富裕生活里不失去人的有情。人的富有实则是人心灵中某些高贵特质的展现。

家家都有清风明月，失去了清风明月才是最可悲的！

喝过了热乎乎的“奉茶”，我信步走入林间，看到在落叶层缝中有许多美丽的褐色叶片，拾起来一看，原来是蝴蝶的双翼因死亡而落失在叶中。看到蝴蝶的翼片与落叶交杂，我感觉到蝴蝶结束了一季的生命其实与树叶无异，尘归尘、土归土，有一天都要在世界里随风逝去。

人的身体与蝴蝶的双翼又有什么两样呢？如果在活着的时候不能自由飞翔，展现这片赤诚的身心，让我们成为宇宙众生迈向幸福的阶梯，反而成为庸俗人类物质化的踏板，则人生就失去其意义，空到人间一回了！

下山的时候，我想，让我恒久保有对人间有情的胸怀，以及一直保持对生活从容的步履；让我永远做一个为众生奉茶供水，在热恼中得到清凉的人。

清风匝地，有声

在日本神户港，我们把汽车开进“英鹤丸”渡轮的舱底，然后登上最顶层的甲板看濑户内海。

这一次，我从神户坐渡轮要到四国，因为听说四国有优美而绵长的海岸线，还有几处国家公园。四国，是日本四大岛中最小的一岛，并且偏处南方，所以是外籍观光客较少去的地方，尤其是九月以后，天气寒凉，枫叶未红，游人就更少了。

从前，要到四国一定要乘渡轮，自从几条横跨濑户内海的长桥建成后，坐渡轮的人就少了。有很多人到四国不是去看海、看风景的，只是为了去过桥，像“鸣门大桥”是颇有历史的，而新近落成的“濑户大桥”则是气派宏伟，长达十公里，听说所用的钢筋围起来可以绕地球一圈半。许多人在四国来回，只为了看濑户大桥粗大的水泥与钢筋。对我而言，要过海，坐渡轮总是更有情味。人生里如果可以选择从容的心情，为什么不让自己从容一些呢?

“英鹤丸”里出乎想象的冷清，零落的游客横躺在长椅上睡觉。我在贩卖部买了一杯热咖啡，一边喝咖啡，一边倚在白色栏杆上看濑户内海。濑户内海果然与预想中的一样美，海水澄蓝如碧，天空秋高无云，围绕着内海的青山，全是透明的绿。这海山与天空的一尘无染，就好像日本传统的茶室，从瓶花到桌椅摸不出一丝尘埃。

在我眼前的就是濑户内海了，我轻轻地叹息着。

我这一次到日本来，希望好好看看濑户内海是重要的行程，原因说来可笑，是因为在日本的书籍里读到了一则中国禅师与日本禅师的故事。

故事大意是这样的：有一位中国禅师到日本拜访一位日本禅师，两人一起乘船过濑户内海。那位日本禅师是曾到中国学禅，亲炙过中国山水的。

在船上，日本禅师说："你看，这日本的海水是多么清澈，山景是多么翠绿呀！看到如此清明的山水，使人想起山里长在清水里那美丽的山葵花呀！"言下为日本的山水感到自负的意味。

中国禅师笑了，说："日本的海水果然清澈，山景也美。可惜，这水如果再混浊一点就更好了。"

日本禅师听了非常惊异，说："为什么呢？"

"水如果混浊一点，山就显得更美了。像这么清澈的水只能长出山葵花，如果混浊一点，就能长出最美丽的白莲花了。"中国禅师平静地说。

日本禅师为之哑口无言。

这是禅师与禅师间机锋的对句，显然是中国禅师占了上风。但我在日本书上看到这则故事，却令我沉思了很久，颇能看见日本人谦抑的态度，也恐怕是这种态度，才使千百年来，濑户内海都能保持干净，不曾受到污染。反过来说，中国人因为自诩污水里能开出莲花，所以恣情纵意，把水弄脏了，也毫不在意。

不仅濑户内海吧！我童年时代，家乡有几家茶室都是色情污秽之地，空间窄小，灯光黯淡，空气里飘浮着酸气、腐臭与霉味，地上都是痰渍。因为我有一位要好的同学是茶室老板的儿子，不免常常要出入，每次我都捂着鼻子走进去，走出来时第一件事则是深呼吸。当时颇为成年男子可以在那么浊劣的地方盘桓终日而疑惑不已，当然也更同情那些卖笑的“茶店仔查某”了。

有一次，同学的父亲告诉我，茶室原是由日本传来，从前（中国）台湾是没有茶室的。我听了就把乡下茶室的印象当成日本式的，心想日本人真怪，怎么喜欢在茶室不喝茶，却饮酒作乐呢？直到第一次去日本，又到几家传统茶室喝茶，简直把我吓坏了，因为日本茶室都是窗明几净、风格明亮，连园子里的花草都长在它应该长的地方，别说是色情了，人走进那么干净的茶室，几乎一丝不净的念头都不会生起，口里更不敢说一句粗俗的话，唯恐染污了茶盘。怪不得日本茶道史上，所有伟大的茶师都是禅师！

同样是“茶室”，在日本与（中国）台湾却有截然不同的风貌，对照了日本禅师与中国禅师的故事就益发令人感慨。由小见大，山水其实就是人心，要了解一个地方人的性格，只要看那地方的山水也就了然。山且不论，看看台湾的水，从小溪、大河，到湖泊、沿海，无不是鱼虾死灭、垃圾漂流、污油朵朵、浮尸片片。我每次走过我们土地上的水域，就在里面看到了人心的污渍。在这样脏的水中想开出一朵白莲花，简直不可思议，这需要多么大的勇气，多么大的坚持，与多么大的自我清净的力量！

我坐在濑户内海上的渡轮，看到船后一长条纯白的波浪时，就仿佛回到了中国禅师与日本禅师在船上对话的场景与心情。在污泥秽地中坚持自我质量的高洁是禅者的风格，可是要怎么样使污秽转成清明则是菩萨的胸怀。要拯救台湾的山水，一定要先从台湾的人心救起，要知道，长出莲花的地虽然污秽，但水却是很干净的。

记得从前我当记者的时候，曾为了一个噪声与污染事件去访问一家工厂的负责人。他的工厂被民众包围，被迫停工，他却因坚持而与民众对峙。他闭起眼睛，十分陶醉地对我说："你听听，这工厂机器的转动声，我听起来就像音乐那么美妙，为什么他们不能忍受呢？"我听到他的话忍不住笑起来。他用一种很怀疑的眼神看我，眼神里好像在说："连你也不能欣赏这种音乐吗？"那个眼神到现在我还记得。

确实如此，在守财奴的眼中，钞票乃是人间最美丽的绘画呢！

听过了肆无忌惮的商人的音乐，我们再回到日本的茶室，日本茶道的鼻祖绍鸥曾经说过一句动人的话："放茶具的手，要有和爱人分离的心情。"这种心情在茶道里叫作"残心"，就是在行为上绵绵密密，即使简单如放茶具的动作，也要轻巧，有深沉的心思与情感，才算是个懂茶的人。

反过来说，一个人和爱人分离的心情，若能有如放下名贵茶具的手那么细心，把诀别的痛苦化为祝福的愿望，心中没有丝毫憎恨，留存的只有珍惜与关怀，才是懂得爱情的人。此所以茶道不昧流的鼻祖出云松江说："红叶落下时，会浮在水面；那不落的，反而沉入江底。"

境界高的人生，

并不在于永远有顺境，

而是不论顺逆，

也能用很好的情味去面对。

境界高的茶师，并不在于他能品味好茶，而在他对待喝茶这整个动作的态度。即使喝的只是普通粗茶，他也能找到其中的情趣。

境界高的人生亦如是，并不在于永远有顺境，而是不论顺逆，也能用很好的情味去面对，这就是禅师说的“在途中也不离家舍”“不风流处也风流”。因此，我们要评断一个人格调与韵致的高低，要看他失败时的“残心”。有两句禅诗“掬水月在手，弄花香满衣”最能表达这种“残心”。每一片有水的叶子都有月亮的映照，同样，人生的每个行为、每个动作都是人格的展现。没有经过“残心”的升华，一个人就无法有温柔的心，当然，也难以体会和爱人分离的心情是多么澄清、细密、优美，一如秋深落叶的空山了。

从前有一个和尚到农家去诵经，诵经的中途听到了小孩的哭声，转头一看，原来孩子爬到地上压到了一把饭铲子。地上很肮脏，孩子的母亲就把他抱起来，顺手把饭铲子放进热腾腾的饭上，洗也不洗。

于是，当孩子的母亲来请吃饭时，和尚假称肚子痛，连饭也没吃，就匆匆赶回寺里。过了一星期，和尚又去这农家诵经。诵完经，那母亲端出了一碗热腾腾的甜酒酿，由于天气严寒，和尚一连喝了好几碗，不仅觉得味美，心情也十分好。

等喝完了甜酒酿，孩子的母亲出来说：“上一次真不好意思，您连饭都没吃就回去了，剩下很多饭，只好用剩饭做成一些甜酒酿。今天看您吃了很多，我实在感到无比的安慰。”

和尚听了大有感触，为逃避肮脏的饭铲子，没想到反而吃了七天前的剩饭做成的甜酒酿，因而悟到了“一饮一啄，莫非前定”。我们面对人生里应该承受的事物不也是如此吗？在饭铲中泡过的脏饭与甜酒酿，表面不同，本质却是一样的。所以，欢喜的心最重要。有欢喜心，则春天时能享受花红草绿，冬天时能欣赏冰雪风霜，晴天时爱晴，雨天时爱雨。

好像一条清澈的溪流，流过了草木清华，也流过石畔落叶。它欢跃如瀑布时，不会被拘束；它平缓如湖泊时，也不会被局限，这就是《金刚经》里最动人心弦的一句："应无所住而生其心。"

我眼前的濑户内海也是如此，体验了它明朗的山水，知道濑户内海不只是日本人的海，而是眼前的海，是大地之海，超越了名字与国籍。海上吹来的风，呼呼有声，在台湾林野里的清风亦如是，遍满大地，有南国的温暖及北地的凉意，匝地，有声。

晋朝有名的女僧妙音法师，写过一首诗：

长风拂秋月，
止水共高洁。
八到净如如，
何容业萦结。

"八到"是指风从东、南、西、北、东南、东北、西南、西北一起到，分不出是从哪里到，静听、感受清风的吹拂，其中有着禅的对语。在步出"英鹤丸"的时候，我看见了长在清水里的山葵花是美丽的，长在污泥里的白莲花也是美丽的；与爱人相会的心情是美丽的，与爱人分离的心情也是美丽的。

只因为我的心是美丽的，如清风一样，匝地，有声。

炼金的时候，不想猴子

该以何种态度对待情欲呢？有没有简单可行的方法，让一个在家修行的人能将情欲转化，而不使情欲妨碍修行？

有一个印度的故事，或许对这个问题有所启发。

从前在北印度靠近喜马拉雅山的地方，有一个非常贫穷的村落，村民对金钱都十分向往。有一天，远方走来一个老人，背上背着一口锅子和一根铁棍。老人随意找了一块空地，铺起一块布，便睡觉了。这个偏远的小地方鲜少有外人出现，所以村人都对老人很好奇，注意着他的举动。

老人小憩之后，起身架起锅子，生了火，然后拿起铁棍在锅里一直搅、一直搅，搅个不停，渐渐地吸引了许多村人围观。有人问他："老先生啊，请问你在搅什么？"老人说："我在炼金子啊！"村人纷纷问："怎样炼金子啊？"老人说："你们看着就知道了。"说完他继续搅，一直搅，搅着搅着就搅出一块金子。村子里起了一阵骚乱，人人奔走相告。

晚上，老人睡了，但是村里人都没有睡，一直在讨论这件大事。

讨论的结果是，必须在老人离开前向他学会炼金术，村人便可致富。于是大家决定集全村人的钱，去交换老人的炼金术，并且推派了一位长老做代表，第二天去见老人。

第二天一早，老人又在那里炼金，只见他拿着铁棍搅啊搅的，就搅出了金块，村人真是羡慕死了。长老便和老人请商传授炼金术。老人说："不行，这是很难学的。"村人都说："没关系，我们愿意学，也愿意把钱都给你，请你教我们吧！"

老人终于答应了。他收了钱，就把锅子和铁棍交给长老，对长老说："炼金很容易，只要拿这根铁棍在锅里一直搅、一直搅，就会有金子出现。只有一件事要特别注意，就是在搅动的时候，不能想到猴子，假使想到猴子，就炼不成金了。"

长老说："太容易了！"他坐下来开始炼金，但不知怎么回事，就是边搅边想到猴子。搅了许久都不成功，最后绝望地放弃了，换第二个人来搅。长老将老人的话转述给第二个人："只要一直搅，就会有金子。但是，不能想到猴子……"结果，第二个人也是边搅边想到猴子。

全村的人轮流炼金，却没有一个人炼成，因为没有一个人做得到在搅动时不想到猴子。

这个故事非常有启发性——念头是难以控制的。只有能够完全控制念头的人，才可以炼出金子。

与情欲拔河就像炼金那么艰难。要成佛，要解脱，就不能想到情欲，一定要不断地提炼，最后才会炼成金。

与情欲拔河，就是在情欲里挣扎，试图与情欲比赛，就像炼金人要努力抑制自己的念头，与意念相对抗一样。

心灵的护岸

吃晚饭的时候，我对母亲和哥哥说："明天我想带孩子去护岸走走。"他们同时抬起头来看了我一眼，点一下头，又继续吃饭了，那意思于我已经很明确，就是护岸已经不值得去了。

护岸是家乡的古迹之一，沿着旗尾溪的岸边建筑，年代并不久远，是日据时代堆成的。筑造的原因，是从前的旗尾溪经常泛滥成灾，高达一丈的护岸，在雨季可以把溪水堵住，不至于淹没农田。

旗山的护岸或者也不能算是古迹，因为它只是由许多巨大的石头堆叠而成。它的特点是石头与石头之间并没有黏结，只依其各自的状态相互叠扣，石头大小与形状都各自不同，但是组成数公里的护岸，却是异常的雄伟与平整。

旗山原是平凡的小镇，没有什么奇风异俗，我喜欢护岸当然是感情因素。

在我幼年的时候，护岸正好横在离我家不远的香蕉园里，我时常跑去上上下下地游戏。印象最深的是，春天的时候，护岸上只有一种植物"落地生根"，全数开花时，犹如满天的风铃，恍如闻到叮叮当当的响声。

在护岸底部沿着沟边，母亲种了一排芋田，夏天的芋叶像菩萨的伞盖，高大、雄壮，有着坚强的绿色，坐在护岸上看来，芋头的叶子真是美极了。如果站起来，绵延的蕉树与防风的竹林、槟榔交织，都有着挺拔高挑的风格，个个抬头挺胸。

我时常随父母到蕉园里去，自己玩久了，往往父母已改变工作位置，这时我会跑到护岸上居高临下，一列列地找他们，很快就会找到，那护岸因此给我一种安全的感觉，像默默地守护着我。

我也喜欢看大水，每当暴雨过后，就会跑到护岸上看大水，水浪滔滔，淹到快与护岸齐顶，使我有一种奔腾的快感。平常时候，旗尾溪非常清澈，清到可见水里的游鱼，澈到溪底的石头历历。我们常在溪里戏水、摸蛤蜊、抓泥鳅，弄得满身湿，起来就躺在护岸的大石上晒太阳，有时晒着晒着睡着了，身体一半赤一半白，父亲总会说："又去煎咸鱼了，有一边没有煎熟呢，还未翻边就回来了。"

护岸因此有点像我心灵的故乡，少年时代负笈台南，青年时代在台北读书，每次回乡，我都会在黄昏时沿护岸散步，沉思自己生命的蓝图，或者想想美的问题，例如护岸的美，是来自它的自身呢，抑或是来自小时候的感情？或是来自心灵的象征？后来发现美不是独立自存的，美是有受者、有对象的，真实的美来自生命多元的感应道交。当我们说到美时，美就不纯粹客观，它必然有着心灵与情感的因素。

我对护岸的心情，恐怕是连父母都难以理解的。但我在护岸散步时，常会想起父母作为农人的辛劳，他们正是我们澎湃汹涌的河流之护岸，使我即使在都市生活，在心灵上也不至于决堤，不会被都市的

其实保护环境要先保护我们的心，

因为我们有什么样败坏的环境，

正是来自我们有同样败坏的心。

繁华淹没了平实的本质。

这一次我到护岸，还征求了三位“志愿军”，一个是我的孩子，两个是哥哥的孩子，他们常听我提到护岸是多么美，却从未去过。他们一走上护岸，我就看见他们眼里那失望的神色了。

旗尾溪由于上游被阻绝，变成一条很小的臭水沟，废物、馊水、粪便的倾倒，使整个护岸一片恶臭。岸边的田园完全被铲除，铺了一条产业道路，路旁盖着失去美感、只有壳子的贩厝。有好几段甚至被围起来养猪，必须要掩鼻才有走过的勇气。大石上，到处都是宝特瓶、铝罐子和塑料袋。

走了几公里，孩子突然回头问我：“父亲，你说很美的护岸就是这里吗？”

“是呀，正是这里。”心里一股忧伤流过，不只护岸是这样的，在工业化以后的台湾，许多有美感的地方不都是这样吗？田园变色、山水无神。可叹的是，人都还那样安然地，继续把环境焚琴煮鹤地煮来吃了。

我本来要重复这样子说：“我小时候，护岸不是这样子的。”话到嘴边又吞咽回去，只是沉默地、一步一步地走向护岸的尽头。

听说护岸没有利用价值，就要被拆了，故乡一些关心古迹文化的朋友跑来告诉我。我不置可否，“如果像现在这个样子，拆了也并不可惜呀。”我铁着心肠说。

当我们说到环境保护的时候，一般人总是会流于技术的层面，或说：“为子孙留下一片乐土”，或说：“我们只有一个地球”。这些只是概念性的话。其实保护环境要先保护我们的心，因为我们有什么样败坏的环境，正是来自我们有同样败坏的心。

就如同乡下一条平凡的护岸，它不只是石头堆砌而成的，它是心灵的象征，是感情的实现；它有某些不凡的价值，但是粗俗的人，怎么能知道呢?

我们满头大汗回家的时候，母亲正在厨房里包扁食（馄饨），正像幼年时候，她体贴地笑问："从护岸回来了？"

"是呀，都变了。"我黯然地说。母亲像做结论似的："哪有几十年不变的事呀。"

然后，她起油锅、炸扁食。这是她最拿手的菜之一，是因为我返乡，特别磨宝刀做的。

哧——油锅突然一声响，香味四散，我的心突然在紧绷中得到纾解。幸好，母亲做的扁食经过这数十年，味道还没变。

我走到锅旁，学电视里的口吻说："嗯，有母亲的味道。"

母亲开心地笑了，像清晨的阳光，像清澈的河水。

只有母亲的爱，才是我们心灵永久的护岸吧，我心里这样想着。

意外的旅客

跟随一个旅行团到东部去，团中有一位奇特意外的旅客：他平常都是在饭店里睡觉，睡醒时如果团员还没有回来，他就坐在咖啡厅喝咖啡，状极悠闲；他有时连饭也不起来吃，理由是他要休息；他也不爱说话，有人问他，他只是微笑。

这位旅客虽然沉默、无言、微笑，但大家都无法忽视他的存在，他像一个谜，引得人们在背后谈论。

我偶尔也和他一样，坐在咖啡座里沉默、无言、相对微笑。

光是这样相对微笑，我们就熟悉了。

有一次，我忍不住问他："你既然参加了旅行团，为什么都不出去旅行呢？"

他说："我是个懒人，要走路，不如站着；要站着，不如坐着；要坐着，不如躺着；要躺着，不如休息、睡觉。我出来旅行，那也是因为衣食住行都有人安排呀！"

在这个社会，我们见过许多勤快、忙碌的人，却很少见到懒人，偶尔见到的懒人，也不肯自称为"懒"。然后，我们就谈起关于

“懒”的一些观点，这位意外的旅客的见解，真令我大开眼界。

他说，懒人的两大守则，一是能不做的事就不做，例如衬衫可以买七件挂在衣橱，每天轮流穿一件，正好可以穿一星期，满一星期再从头穿一次，连穿三次，这样三星期只洗一次衬衫就可以了。鞋子则买没有鞋带的，最好是不用弯腰就可以穿的，理由是：“每天弯腰绑鞋带，一生就要花多少力气？”

又例如吃东西，能吃饱就好，不必求美味，最好是在家附近的馆子吃，万不得已在家里吃，生食比熟食好；万不得已是熟食，面包比面条好，面条又比米饭方便（因为米还要洗）；吃水果最好不用动刀，因此香蕉、番茄比西瓜、凤梨好。

又例如买东西，懒人最好不多买东西，买东西又花钱（花了钱还要去赚），又花时间和力气，很划不来。而且，凡是有了东西，就要保养、收拾、整理，没完没了，得不偿失。

他说：“凡人为了名利情欲做了一大堆费时耗力的事，看起来就像傻瓜一样。”

懒人的第二大守则是能不记的事就不记。

所以，懒人绝对不使用电脑、传真机、行动电话这些事物，甚至也不必用电话簿，“因为多记一个人就多一些事，不必去记那些事，脑子里自然就有了空间。”

“俗人总是记东记西、牵肠挂肚、求名求利，那些在我看起来，都不如坐着休息。”他还告诉我，古来禅师所追求的最高境界，与懒都是相通的，像“春有百花秋有月，夏有凉风冬有雪。若无闲事挂心头，便是人间好时节”。所讲的“闲”不就是“懒”吗？

这首无门慧开禅师的诗，这位懒人会记得还不可惊，他甚至引用了一首元朝了庵清欲禅师的诗：

闲居无事可评论，
一炷清香自得闻。
睡起有茶饥有饭，
行看流水坐看云。

我说：“你不是说能不记得就不记吗？如何记得这么长的诗？”

他说：“诗是自己留下来的，不算记。在这个时代不做懒人太傻了，你想想，每天的新闻都是杀人放火、贪污腐败，我们去瞎操心，气都气死了。再说，如果我们去努力赚钱，想到缴税的钱都被贪走了，实在太不值；如果人人都不赚钱纳税，贪污自然就消失了。”

正在这时候，导游来叫吃饭，懒人说：“你看，多好，又有饭吃了。”

走向餐厅的路上，他说：“做懒人最大的困难，就是常常要动脑筋，怎么样才可以再更懒一些呢！”

听了懒人的话，我一点也没有看轻他，反而自觉惭愧，觉得自己实在太忙了，忙着看“立委”打架、群众暴动，真是瞎操心；也觉得自己实在太傻了，每年缴一大堆税，让一些公务员“一时大意”地贪污了。

真是像傻瓜一样。

今后要再懒一些才好。

比云还闲

万松岭上一间屋，
老僧半间云半间。
云自三更行雨云，
归来方羡老僧闲。

——显万法师《庵中自题》

三十年前，我到美国演讲，朋友带我去参观一家企业总部的电脑机房。那一台电脑整整有一个房间那么大，操作起来，声音呱啦呱啦的，非常吓人。当时，我就想着：人们用这么巨大的东西，想要简化生活的流程，真是太奇怪了。

我使用的第一部无线电话，也是在三十年前。当时我在报社当采访记者。为了方便采访，报社购置了几部汽车行动电话，接在汽车上，使用前一天就要申请，才能携带外出。

汽车行动电话重达五公斤，大小就像 007 情报员的手提箱，一部要价十五万元台币，正好可以在市郊买一间小房子。那时我的月薪四千八百元台币，要攒三年才能买一部汽车行动电话。因为汽车行动电话重而昂贵，每次采访结束后，都要从车上拆下，归还报社。

我们不只经历过资讯不便的生活，也经历过真正不便的日常生活。

小时候，没有洗衣机，我经常随母亲到河边洗衣，因为人口众多，每天要洗一箩筐衣服。我的工作是帮母亲泡湿衣服，以棒槌捶打，等母亲搓揉清洗完毕，再与母亲一人一头，把衣服拧干。

洗一次衣服，往往需要一个下午。

当时也没有车子，出门往往以小时计算：上学，走一个小时；去姑妈家，走一个半小时；到外婆家，走两个小时；到山上的林场，走三个小时。

当时也没有冰箱，幸好食物不多，最好当日吃完。万一没吃完，要煮过、烫过、卤过，以免坏去。要长久储存，则要腌渍、晒干、发酵，极为费工夫。

当时更没有电饭锅，煮一餐饭，要从灶里生火开始，吹竹筒、烧大鼎，米浆和锅巴就是煮饭过程的产物。一锅饭煮成，要两三个小时。

比起从前，我们的生活便利何止百倍？我们所有的发明都在减少时间的浪费，我们的手机和电脑都已十分便携，随时能与天涯海角的人联络。

洗衣服，完全不必动手；煮饭，不必生火，甚至有免洗的米；冰箱储满食物，可以一个月不出门买菜；汽车、高铁、地铁，我们的生活不再以“时”计算，而是以“秒”计算，汽车广告是“0 到 100 公里，只要 4.6 秒”。

理论上，我们省下了许多时间，生活应该变得很悠闲了。

实际上，我们却变得更忙，因为我们的节奏变快，走得更远，人际关系更错综，生活更复杂。生活便利百倍，忙碌也是百倍。回首前尘，常常忍不住感慨：如果我不用电脑，放弃手机，安步当车，少用现代电子和机具，是不是能有从前悠闲的生活，或回到悠闲的心情呢?

“閒（繁体的闲）”这个字真好，是门里的月亮和门外的月亮相呼应，悠闲的人也正是门里常有月光的人。

清代作家李渔甚至为这种门里有月光的生活写了一部书《闲情偶寄》，我最喜欢其中的一段：

> 以无事为荣，夏不谒客，亦无客至，匪止头巾不设，并衫履而废之。或裸处乱荷之中，妻孥觅之不得；或偃卧长松之下，猿鹤过而不知。洗砚石于飞泉，试茗奴以积雪；欲食瓜而瓜生户外，思啖果而果落树头。可谓极人世之奇闻，擅有生之至乐者矣。

赤身躺在荷花池里，连妻儿都找不到。躺在松树下睡觉，猴子跳过和白鹤飞过，也不知道有人在树下。写完字，在瀑布下洗砚台，把雪水拿来试茶。想吃瓜就到屋外去摘，想吃水果就到树下去捡……这是人生珍奇的闲情，也是生活里最快乐的事!

唉唉！真实的生活里，谁还有这样的闲情逸致呢?

想到苏东坡有一句话：“江山风月，本无常主，闲者便是主人。”

我想，生命需要减法，要有觉察地放下许多东西，要更从容、更慢、更有空间。

人人都想要浪漫的人生、浪漫的情感，却很少有人知道，“浪漫”就是“浪费时间慢慢地走，浪费时间慢慢地吃饭，浪费时间慢慢地相爱，浪费时间慢慢地一起变老”！

一个比较高的位置，一些新的智慧

有一种鱼叫作斗鱼，鱼店必须把两只斗鱼分缸饲养，以免它们自相残杀。至于单独饲养的一只斗鱼，如果在鱼缸前面放一面镜子，它也会一直向镜子攻击，至死方休。

起初我很奇怪：斗鱼有奇强无比的斗性，这个族群如何生存呢？研究之下发现，斗鱼有划地盘的习惯，地盘遭到侵犯就斗。如果是在河里或溪里，空间大，各有各的地盘，自然可以互不侵犯、和平共存。偏偏所有鱼店的鱼缸，都在斗鱼所划的范围里，所以养在鱼缸里的斗鱼要斗到你死我活。

把空间放大，就会发现斗争是没有意义的。

现代人特别喜欢争斗，因为空间狭窄，而每个人都想把势力范围划得很大。

突破空间和时间的限制，可以解决爱恨的问题，说来也许不容易理解。

有一次，我从台北搭飞机去高雄，飞机起飞后，我看到地面上有一座山非常漂亮，开满了蓝色、绿色、红色的花朵。我很奇怪自己在台北住了那么久，怎么从没有看到过这么美的山呢？我旁边靠窗坐的是一位打扮入时的小姐，我忙问她："小姐，请你帮我看看下面那座漂亮的山是什么山？"她朝下一看，白了我一眼，说："那是垃圾山！"

垃圾山从地面上看，是非常可怕、肮脏的。可是从空中看，感受完全不同。为什么呢？因为有了很大的空间，并且保持了距离。

在生命里也是类似这样，我们会遭遇很多情爱跟仇恨的垃圾。我们之所以不能忍受，是因为我们就住在垃圾里面。假使把自己的位置提高一点，空间就可以随之放大了，而这些垃圾也就没有那么脏臭了，对我们的危害也不大了。

我在夜里写稿时，常听到一种像婴儿啼哭的声音，其实不是婴儿的哭声，是猫叫。

那种猫叫之恐怖，足以使人汗毛倒竖。猫为什么发出这么可怕的声音？原来是在谈恋爱！听声音倒像是要把对方撕裂吃掉似的。

听了猫谈恋爱的声音，我就很庆幸自己不是猫——可以用比较温柔的态度谈恋爱。

从前我养过一只猫。长大了，每天在屋子里叫春。它是只暹罗猫，系出名门，我当然不敢放它出去胡来，门窗关得紧紧的。有一天，它抓破纱窗逸去，五天以后历劫归来，全身满是伤疤，一只耳朵不见了，还跛了一足。

此情此景，我看得吓呆了，一边为它涂药，一边想，猫谈起恋爱来真是惊天地、泣鬼神。幸好我们谈恋爱不像猫那样全然感官，那么动物性。

可是，我们可以从报上看到很多人谈恋爱跟猫很像，一定要弄得自己受伤或是两败俱伤。

这使我认识到：当我们转换一个观点来看同一件事，会产生新的智慧。

把空间放大，再来看我们所遭遇的困难、挫折、爱情、仇恨，就会发现："啊，原来它的影响力并不是那么巨大。"也会意识到："原来我先前被情爱（或被仇恨）困住的时候，是多么愚蠢！"

品　味

近几年来，我们时常听到这样的讨论：“这个人有品味，或那个人有品味。”比起从前我们常听说：“这个人很有钱，那个人很有钱。”显然地，用品味来衡量一个人的标准，比起以有没有钱来做指标是进步得多了。

可惜的是，当我们说到品味，还是和物质倾向脱不了关系，例如我们常说某人对食物有品味，某人对衣着有品味，某人对家具有品味，等等。以至于坊间的杂志，不管是办给女人看或男人看，凡是讲究品味的杂志刊登的无非都是衣物、食物、装潢等，它们的“同质性”之高，有时候大出我们的意料。

我是喜欢看杂志的人。每个月月初，我都会固定地到书店看当月的杂志，即使没有看遍，也大致都翻过一遍，然后就发现所谓的品味了。几乎所有的杂志（特别是给女性看的），介绍的无非是最新的流行、名家的设计、价钱昂贵的珠宝与服饰；在食物方面，则介绍那些精致与豪华的餐馆，让我们去消费；在新知方面，则脱不开爱情与性生活。

令人搞不懂的是，为什么本本如此，而且月月如此，难道这就是现代人的品味吗?

当然，如果纯就印刷与编排的品味来说，现在台湾的女性杂志可以说已经是世界一流的水准，有一些“同步发行”的杂志，甚至与世界一流的杂志毫厘不差了。值得思索的是，如果有一位女性完全接受这些号称一流品味的指导，来穿衣服、化妆、吃饭，是不是就会显得有品味呢？似乎还缺少一些什么，那所欠缺的是文化艺术的品味，以及令人格提升的品味。

一位想办女性杂志的朋友来看我，问及现在女性杂志最缺乏的东西，我说：“可以说是一种人文精神吧！”这人文精神意味的是独立思考、独立创造的精神，也意味着对文化、艺术的品味。人文精神是再好的印刷、编排也不能达到的，必须办杂志的人认识到其必要性才行。

“你为什么要办女性杂志呢?”我问。

朋友说，现在办女性杂志最容易赚钱，只要广告拉得好、印得漂亮，即使内容没有什么，也可以生存下去，光是在全省的美容院、洗发院各摆一本，一期就有数千本的销路了。

“如果办一本杂志只是如此，那么现在这样的杂志已经太多了，我们一定要在别的杂志最弱的环节中找到最强的一点，那最强的一点，可以说是对人生的思考，对全生活的品味呀！”

“品味”这两个字真好，一共有四个口，就是体验，更深刻的体验，是品尝，更深入的品尝，套一句正流行的用语，就是“全方位地进入生活、提升生活的品质”。

一个人要有钱不容易，但要有品味更难；一个社会有钱了，只剩下唯一的路走，就是使社会上的人迈入品味之路。

我们社会上的杂志够多了，将来能长久留存，并对社会有贡献的，我相信正是那些有品味的杂志。办杂志的人，何不大家一起来想想人文精神的问题呢?

急

在高速公路驾车，是心惊的经验。那时可以清楚地感受到一个字：急！急！急！

为什么这世界上的人都这么急呢？那按着喇叭冲刺的人是要赶去哪里？那斜刺里飞出的汽车是在追逐什么？

这是速度的急。有时心情更急，看街头红绿灯前喷烟的汽车，左闪右闪穿来穿去的人群，觉得在这样交叉的时空里，令一些即使无事的人，脚步也匆匆起来，心情也急了起来。

有一次和几位朋友步行去喝咖啡，大家都急速地走着，我不免问道："这么赶，要干什么呀？"

"要去喝咖啡呀！"几位朋友都诧异地看我。

我们就急促地走了十几分钟，到咖啡厅坐定还人人气喘吁吁，接下来花了两小时谈一些没啥意义的闲天。我说："我们要喝咖啡、聊闲天，其实刚刚不必走那么急。"大家面面相觑，想了一下，"对呀！我们干吗连喝咖啡都急得满头大汗呢？"

大家都为这种不自觉的急感叹起来。

最后，作鸟兽散了，我看到刚刚感叹过的朋友都放开大步，急急走上前去。

如果，求觉悟有这么急就好了，我想。

不忧昨日，不期明日

下篇

味味一味

一味，不是生活里的柴米油盐，而是内心的会意。

一味，不是寻找一种优雅的生活，而是在散乱中自有坚持；

在夏日，有凉爽的心；在冬天，有温暖的怀抱。

人生是相对的

关于刀刃与刀柄的另一个观照，就是烦恼，即菩提。这方面我以前讲过很多了，在这里换个新的方式来讲。

有一个笑话说从前有五个犹太人，死后都上了天堂，在天堂里，五个人起了争执。他们讨论这个世界上最重要的是什么。

第一个犹太人是摩西，指着自己的头脑说："这个世界上最重要的是理性。"第二个犹太人是耶稣，指着自己的心说："这个世界上最重要的是爱。"第三个犹太人是马克思，指着自己的胃说："这个世界上最重要的是食物。"第四个犹太人是弗洛伊德，说："这个世界上最重要的是性。"第五个犹太人是爱因斯坦，说："你们都错了，这个世界上最重要的就是相对论，所有的事物都是相对的。"

烦恼跟菩提也可以从相对的角度来看。为什么会有烦恼？因为每个人都执着于某些重要的东西。有人执着于爱情，有人执着于金钱，有人执着于名利，有人执着于权位，认为这些都是最重要的。不能满足的时候，就会产生烦恼。烦恼都是因为不足而来。

如果能够看清这些都是相对的，烦恼就可以减轻。

确实，人生是相对的。佛法里也讲世上没有绝对的东西。

就像一个人非常饥饿的时候让他吃饭，吃饭是很好的；可是如果叫他一天吃八顿，他就会觉得吃饭很可怕。冬天躲在棉被里睡觉是很舒服的事，早上该起床时总希望能继续睡下去；然而如果规定不准起床，睡久了自然会很想起床，因为睡觉不会永远都是好的，睡太多了会觉得睡觉不好，起床才好。

再好的东西，如果永远处在那种好里面，也受不了；永远处在痛苦里面，也受不了。好跟痛苦之间，其实距离是很短的。

人间处处有爱恨

人人都有爱人、恨人的经验，也都了解什么是爱情、什么是仇恨。

如果你的经验较少，去看电视剧或买书来看，电视剧和小说的内容大抵不出爱与恨的范畴。

看电视剧或看小说，会看到许多奇奇怪怪的事。它们往往不是特例，而是人生的缩影。在电视剧或小说中发生的事，在现实人生里也可能发生，而且每天都在发生。

就像我前几天收到一位南部读者的信，她是个年轻的女孩，其信中自述的遭遇，其传奇与悲剧性，足以写成小说。

这位读者高中毕业后，从南部来到台北读大学，随后跟一个男同学相恋，最后在家人反对之下成婚，婚后三年过得很幸福。

女方的父亲是货运公司的司机。有一天，他从南部载货到台北，不慎在路上撞死了一个路人，这个路人就是他的女婿。

这么巧合的不幸，真是太不可思议了。

这个女孩一个人带着一个三个月大的孩子，无法在台北讨生活，只有回彰化娘家和父母同住。然而，每天要面对撞死自己丈夫的人，又是自己的父亲，她内心既矛盾又痛苦。

而做父亲的每天面对女儿，虽然很歉疚却难以弥补。他根本没想到女婿会走在他驶经的路上，更没想到自己偏偏撞死了女婿。

这个女孩来信问我："这到底是什么样的因缘？"

我无法回答。怎么可能有这样的电影情节在现实生活中发生？偏偏就是有！

我还读过一个间谍故事，很有意思。

第一次世界大战初期，有一个德国间谍卡尔平，到法国去做情报工作，被法国人逮捕，关了起来。法国方面还以卡尔平的名义供应假情报给德国，然后吸收德国的情报，同时又没收了按月由德国寄来的薪水。

三年后，卡尔平先生被释放了，法国政府也有一笔公款——卡尔平先生的薪水——不知如何处理，干脆用来买了一辆车，命名为"卡尔平"，纪念以此人名义做的许多情报工作。

一九一九年的某一天，这辆汽车在法国街上撞死了一个人，而这个倒霉的人正是卡尔平先生，他大概是全世界最倒霉的间谍了。

我看这本书时，真是吓坏了，这世上怎能有这许多的巧合？

偏偏真的就有！尤其是关于爱情，关于仇恨。

没有一个人——即使活到很老——能够告诉别人："我完全了解爱情（或仇恨）。"

因为，爱情与仇恨同样都是不能累积的。这一次你谈恋爱失败了，你会想："下一次，我会变得更有智慧，可以好好地再爱一场。"

然后你可能又失败了。

恋爱永远无法给你智慧的累积，仇恨也是一样。那是因为每一次的爱恨，都有不同的面目。

风筝与白云

很久没有去八里了，到八里去访友，吃了一惊，八里在马路开发的短短几年间里改变了面貌。

朋友住在八里观音山的半山腰，是一间老旧的三合院，背山面海，站在屋前的土墩上，可以看到淡水河流入大海，忽而开阔的景况。淡水河入海口虽饱受污染，但在远山的清晨看来，仍是蔚蓝澄明，从海面过来的阳光与和风也显得亲切温柔了。

于是，我和朋友沿着山腰的小路步行。在这优美的山野里，农人在山腰上种植了竹园、果园、槭树园，特别是去年春天才种植的槭树园，因于特殊的三叉叶，显得格外的美。

我们穿过槭树林，就到了更近海的山边，风景益显得辽阔。这时，吃惊的事发生了，差不多整个观音山山沿风景优美的地方，全被坟墓占据了，趋近一看，大部分的坟墓都是新坟，是近两年才埋进去的。沿着小路前行，看到几部挖土机正在铲平山土，准备造出新的坟墓。

那已经造好的坟墓，可以让我们看到台湾近些年真是有钱得多。

坟墓是由水泥填成，有些占地将近十坪[①]，墓碑与门槛是用意大利大理石砌成的，显然造一个坟墓要花费不少的金钱。

朋友带我从每一个坟墓的正面，站在墓碑处，向海面上望去，他说："在八里山上盖的坟墓都是风水最好的，也可以说是风景最好的地方，有时站在坟碑上远望，会觉得，这么好的地方让死人住了真是很可惜。"

在我们走过的脚下的人，他们生前很可能是从来没有抬头看过天空的，也很可能是没有时间和心情到海边山上散步的。他们把大部分时间用来累积钱财，以便死的时候可以选一块风水好、风景优美的墓地来躺着，白天望云，夜晚看星，这真是一个很大的嘲讽。

从十里红尘搬迁到山上居住的朋友，不禁生起了感慨："我有时沿海岸散步，走过坟墓，就会想，如果把这些坟墓里的死人，装成一罐罐住在城市的大楼里，而把住在大楼的人搬到山上风水好的地方来住，不知道有多好。我觉得大城市适合死人居住，而山明水秀的园林适合活人居住，可叹的是，现在正相反过来！"

死者在深幽的山林中埋葬在风水好的地方，以便能保佑在城市里胡乱居住的子孙，是人间令人深痛的反讽。

拿什么还给世界

当一个人走过生命的道路，他是把自己还给宇宙，然而，活着的人为了表达哀思，却用水泥、青石、砖块来破坏自然，在死者"居住"的十坪内，不再有动物可以存活、不再能长出植物。于是，生前

① 坪：土地或房屋的面积单位，一坪约合 3.3 平方米。

想尽种种方法从自然里掠夺，死后还不能做世界的养料，丝毫的利益都不肯还给世界。

朋友说，他曾在某一个清晨，看人在山上以铜棺厚葬，那厚重的铜棺必须由数十人来抬动，费心耗力，而每当想到几千年后那一口铜棺都还不会腐朽，还残害着山林的土地，就会令人悚然。

那么，到底什么样才是最自然的死亡呢？什么样的死亡才能维持人的尊严并对世界有益呢？我们想到，西藏人用“天葬”，把死者的遗体上的肉割下来喂鹰；印度人用“火葬”，把死者火化成灰做大地的养料；某些海岛住民则用“水葬”，把死者丢入海中喂给鱼族；印第安人和非洲人用“山葬”，临死者走到山林里躺卧而亡；中国人用“土葬”，以木棺入土，时间到了也随之化成泥土，供养了土地……不管是用什么方法，都似乎比现代人还“文明”，既能维持人的尊严，也能对世界有益。

亮亮，我和朋友就站在坟墓罗列的山腰上，谈起了死的种种。朋友说：“我觉得死了以后，最好烧成灰，拿到稻田或山林去撒，这是最纯净的方式，也是所有的动物的方式，根本不需要坟墓与墓碑，因为有丰功伟绩的人自然会记载在史册，平凡的人则自会活在亲友的心中。”

我说：“这还不是最好的。”

生前一粒豆，胜过死后一头猪

我心目中最好的方式是把人直接埋在地里，不需用棺木、碑记，而在他埋入的地方种一棵他生前最喜欢的种类的大树。这样，他不但不会污染大地，身体也做了大树的养料，后世的子孙也可以凭吊他，以大树作为纪念他的标记。

谈来谈去，谈累了，我和朋友坐在一座豪华坟墓门口的石狮子上休息，想到人把墓造得如此豪侈是毫无意义的，想到台湾民间流行的一句话："生前一粒豆，胜过死后一头猪。"意思是生前对父母孝养一粒豆，比死后杀一头猪来祭拜，要有价值得多。

想到有一次与几位朋友喝咖啡，有人就谈起现在最热门的股票，说某人一天进股票市场，出来存款就会增加一千万元，说："一个早上就赚了一千万元呀！"

大家都露出羡慕之情。

我也不知道自己为什么会这样说："以后就会发现，一千万元也买不到一个早上呀！"

这不是泼冷水，而是实相。在俗人眼中一千万元很多，可是不要说一千万元买不到一个早上，一千万元连五分钟也买不到。

一千万元算什么呢？前一阵子一位富豪过世，留下七百多亿元的财产，子孙却为了争遗产在灵堂大声叫骂，甚至阻止自己的亲生父亲出殡。这位父亲生前含辛茹苦、坚忍奋斗，自己过着俭朴的生活，积下富可敌国的家业，却在死后不能安宁。他在地下有知，一定后悔赚这么多钱，如果什么都没留下，子孙可能还更孝顺呢！

钱财多，烦恼也多，如果求财求富不知节制，就会沦入"福大业亦大"的局面，到最后就失去人生的乐趣了。

一千万也换不到一秒钟

孝养父母是"生前一粒豆，胜过死后一头猪"，对自己的生命也

风筝到底不是白云，人生也是非常有限的，钱财有限，福报有限、时间更有限。与其拉着名利的绳子随风上下、七上八下，还不如做一朵不受索绊的白云，优哉游哉，优美地横过天空。

是如此，留下了庞大的家财、建造华丽的墓园，还不如生前能思索生命的意义，把所得的财富拿出来造福社会——我们生前供养社会一粒豆，胜过死后子孙给我们祭拜一头猪。

台湾的生活品质之所以这么低落，是不可遏止的贪所造成的结果。有钱人忙着把自己的荷包塞饱，很少人能做人文事业、医疗事业、教育事业、艺术事业，乃至一切对这社会有益的事业。大家吝于把得之社会的钱用之于社会，生活的品质是永远不可能提高的。

可怜悯的是，慷慨讲义的人同样过一生，而贪鄙悭吝的人也是过一生。一千万亿元也买不到秒针跳过的一格，一早上赚一千万元以为是赚到了，若从千万亿元买不到一秒钟来看，是彻底的赔本生意。

趁着我们的脑筋还灵敏、身体还健康，让我们多做一些于人群、社会有益的事吧！否则到头来，弄个最豪华的坟墓，也不能安心地离开；万一弄得子孙失和、财迷心窍，就是人间的大悲剧了。就像我坐在坟前看那些有钱人盖的风水好的墓，就有一种悲情：一个人如果至死不悟，赚得全世界又有何用？

与朋友从墓园区走出来，正看到一群孩子在山路上放风筝，只有一个孩子有风筝，其他孩子都叫着：“再放！再放！”风筝一直飞高、飞高，放到底的时候，不知道为什么，风筝线突然“啪哒”一声断了，风筝往白云的方向飞去，终于到最后什么都看不见了。

孩子们怅然若有所思地看着远方。

亲爱的亮亮，我想到，生活在这世界的人是多么像一个风筝，我们手里拿着“名缰利索”，旁观者大喊飞呀、飞呀！我们就容易忘记风筝的极限，忘记高处不胜寒，放到线断为止，就失其所踪了。

风筝到底不是白云，人生也是非常有限的，钱财有限，福报有限，时间更有限。与其拉着名利的绳子随风上下、七上八下，还不如做一朵不受索绊的白云，优哉游哉，优美地横过天空。

亮亮，让我们少想贪得世界的钱财！让我们多想想生命的价值、意义与归向吧！这关键性的问题，生前比死后重要得多！

随缘与任运

君但随缘得似风，
飞沙走石不乖空。
但于事上通无事，
见色闻声不用聋。

——佚名

李小龙尚未在电影圈成名时，在好莱坞教授武术。有一天教完武术，和他的弟子——有名的剧作家史托宁·施利芳在一起喝茶聊天，谈到了“花费时间”和“浪费时间”的不同。

“花费时间是把时间花在某一个方式上，”李小龙首先开口，“在练功夫时，我们是花费时间，现在谈天，也是花费时间。浪费时间则是糊里糊涂或漫不经心地把时间耗掉。我们有时候把时间花费掉，有时候把时间浪费掉，至于花费或浪费，就全靠我们自己的选择了。无论如何，时间一过去，就永远不会回来了。”

“时间是我们最宝贵的商品，”史托宁同意，“我总是把时间分成无数的瞬间、交易或接触。任何人偷了我的时间，就等于偷了我的生命，因为他们正在取走我的存在。当我岁数越大时，我知道时间是我唯一剩下的东西。因此，有人拿着什么计划找我时，我就会估计该项计划将花掉我多少时间，然后问自己：‘因为这个计划，我愿意从我所剩下的少数时间内，花掉几个星期或几个月吗？它值得我花这么多时间吗？还是我只是在浪费时间呢？’如果我认为这计划值得我花时间，我就会去做。”

“我把同一尺度用在社会关系上。我不容许别人偷走我的时间，我不再广结天下豪杰，我只结交那些能够使我的时间过得愉快的朋友。在我的生命中，我空出若干必要的时刻，什么事也不做，但那是我的选择。我自己选择如何花费时间，而不盲从社会习俗。”

史托宁说完之后，李小龙望着天空，一会儿才问，是否可以借打电话。

当李小龙回来时，微笑着说：“我刚才取消一项约会，因为对方只是要浪费我的时间，而不是帮助我花费时间。”然后他很诚恳地对史托宁说：“今天你是我的老师。我首次知道我一直在跟某些人浪费掉多少时间，从前我从来没有想过他们是在取走我的存在。”

我一直很喜欢李小龙的这个故事，想到李小龙之所以只以很短的时间、少数几部电影就令人念念不忘，是因为除了他的电影和武术之外，他还有一种敏于深思的气质。而这个故事告诉了我们一些关于禅的重要概念，例如要把握当下，因为每一个当下都是生命最宝贵的存在；例如什么事也不做，往往是生命的必要时刻；例如吃饭、睡觉虽然是时间的花费，但花费不一定是浪费；例如修行者虽讲随缘，必须要有舍的态度。

“当下即是”“把握当下”“活在眼前”是一种平常心与平常事的体现，是彻底地契合生命的存在，也是一种不纵容的思想。宗宝禅师曾把这种精神说成“事来时不惑，事去时不留”。马祖则说：“任运过时，更有何事。”

现代人喜欢讲随缘，却不知随缘并不是跟着因缘转，而是其中有所不变。在禅者而言，“随缘”就是“任运”，是在世缘之中不为世法所染。

这种任运，古来的禅师说了很多，像道悟说：“任性逍遥。随缘放旷，但尽凡情。别无圣解。”像云门说：“终日说事，未曾挂着一唇齿，未曾道着一字；终日着衣吃饭，未曾触着一粒米，挂着一缕丝。”像大珠说：“解道者行、住、坐、卧，无非是道。悟法者纵横自在。无非是法。”

道是道路，是人人能走的；法是方法，也是人人能用的，因为人人能走、人人能用，所以是平常的。我很喜欢《金刚经》的开头：“尔时世尊食时，着衣持钵，入舍卫大城乞食。于其城中。次第乞已，还至本处，饭食讫，收衣钵，洗足已，敷座而坐。”这是说世尊也要吃饭，也要洗脚，是平常生活，他要花费很多时间在这上面。为什么我们不觉得世尊吃饭、洗脚是“浪费时间”，那是因为悟道者有平常的一面，他随顺世缘，任运自在。

其实，真正的悟道者是没有“浪费”问题的，他是在每一个当下花费他的时间，正如潭州湮禅师说的两个偈子：“寂寂无一事，惺惺亦复然。森罗及万象，法法尽皆禅。”“一月普现一切水，一切水月一月摄。若人解了如斯意，大地众生无不彻。”

我们还没有到达那样的境界，所以我们对时间、生命、存在应该知所选择，在随缘中不随波逐流，在任运中不放任纵容，我们的生命才不会被“漫不经心”地浪费掉。

无灾无难到公卿

苏东坡有一首写自己孩子的诗，诗名叫《洗儿》：

人皆养子望聪明，
我被聪明误一生。
惟愿孩儿愚且鲁，
无灾无难到公卿。

这首寄意反讽的诗，其实是有着深沉的悲哀。苏东坡是历代最伟大的诗人之一，他不只诗文盖世，也充满经世济民的抱负。可惜他的人太聪明、太敏感，又常常写文章直抒胸臆，得罪了许多权贵，使他的一生迁徙流离，担任的都是一些芝麻绿豆的小官。

反过来看看朝廷的那些大官吧！一个个又愚笨又粗鲁，在一个政治不清明的时代，也只有愚鲁的人才可能做到公卿吧！这就不免令诗人生起感慨："如果你想无灾无难地做到公卿，只有愚鲁一些，免得被聪明所误。"

九百年了，我们回顾苏东坡所处的政治环境，才能更体会诗人的悲哀。确实在他的那个时代，没有几个人比他聪明，而他的同时代做公卿的人，我们甚至连名字都不知道，更别说是政绩了。

可见，在历史的洪流中，政治乃是一朝一夕之事，愚鲁的政治人物在得意洋洋之际，很快就会被潮流淹没。而文章乃是寸心千古的事，文学家在灰心之余，不应跟着丧志，他的掌声不是来自政权的，而是来自民间的。

我有时会想，如果苏东坡一生都在宦海得意，可能正是中国文学的悲哀。一个人一直在权力的旋涡之中，不要说没有时间和心情创作了，在心情上也会失去“在野的沧桑”，就难以有什么佳作了。

因为，文学的心，基本上是在野的。

陶渊明、王维、李白、杜甫、杜牧、李商隐、陆游、苏东坡，哪一个是公卿呢？在生命的流放与挫折的时候，才会有敏感的心来进入文学，也只有在悲哭流离之际，才会写下动人的诗篇。

比较可叹的是，历史上做文学家的人，从义都是生命中的第二选择，他们的第一志愿都是位居公卿。但是，幸而做了公卿的人，其实是断送了文学的心；幸而未做公卿的人，写出了千古的诗文。

这是历史上诡谲而难以衡量的真情实景，担任公卿的不一定是愚且鲁的人，但是政治是最限制与最现实的，不可能有什么石破天惊的作为，最后自然沦为平庸的公卿，百代之后看来，只有“愚且鲁”三个字可以形容了。写文章、作诗歌的也不一定是聪明人，只是文学是最无限与最富想象的，若有五分才气，加上持之以恒，不难成就一家之言，最后卓然成家，百年后观之，思想自在公卿之上。

我们不免就会形成天平的两端，一端是“无灾无难到公卿”，另一端是“多灾多难多诗文”，一端高起来，一端就垂下去，这是不变之理。一个人不可能拥有绝对的权力，还能写出绝对的好文章，因此政治人物的语录、文集、训示等，用于谋权图治则可，作为文章，实在是世间的糟粕呀！

就以苏东坡来说，他自称是“寒族”“世农”“生于草茅尘土之中”，随父亲苏洵入京，举进士第之后，开始了坎坷的一生。他三十多岁就开始被贬谪、流放，从黄州、杭州、颍州、定州、惠州、儋州，一直到岭南，数十年都在迁徙流离中度过，两度被召回朝廷，做过翰林学士、中书舍人、侍读、兵部尚书等要职，随即又被流放，一直到他死前半年度岭北归才正式获赦。

真不敢想象苏东坡如果官场顺利会怎么样，顶多是另一个王安石或司马光吧！

苏东坡晚年最后的诗是《自题金山画像》：

心似已灰之木，
身如不系之舟。
问汝平生功业，
黄州惠州儋州。

写完这首诗，两个月后，他在常州病逝。

贬谪是不幸的，但贬谪也使苏东坡的创作更深沉，并且成为“平民英雄”。他一顶布帽、一根竹杖的形象，一直到现在都是平民百姓最喜欢的形象，温暖、可亲，而有人情味。

在中国历史上，一直到现代，愚且鲁的人位居公卿的也不少，但要“无灾无难”也是难矣哉！政治人物动见观瞻，被骂被糗无日无之，要开拓自己的形象，有时不免要登全版的广告。即使心里不忮不求也不能讲出来，一说出来，纵使信誓旦旦，百姓也很难相信。做官的人动辄有数千万的财产，也有数亿、数十亿、百亿的，即使有人告诉我，他们都很清白、清高，我也不能相信呀！好吧，就算拥有几十亿都清白、清高，这样的人能与村夫、农人、父老一起喝酒谈心吗？能真正锥心刺骨地了解百姓的贫困与艰苦吗？

“父老喜云集，箪壶无空携”；“江城浊酒三杯酽，野老苍颜一笑温”；“荷尽已无擎雨盖，菊残犹有傲霜枝。一年好景君须记，最是橙黄橘绿时”，还是做诗人、文学家的苏东坡好呀！

愚且鲁的人做公卿可能是好的，像苏轼这样的人做公卿可能就不会舒适了！

石上栽花

假日的时候，偶尔会到假日玉市去走走。

看到一摊接着一摊的美丽玉石，使人目眩神摇，但是逛玉市的乐趣有时不是玉的本身，而在于发现。

在那千千万万的玉中，去发现自己喜爱的玉，或者说是与自己有缘的玉，那种喜爱或有缘是难以说得清的。

不只是发现自己爱的玉，也去发现人的坚持。大部分人只要相中一块玉，就要开始和老板拔河了，一边假装自己不是那么喜欢那块玉，一边脸上的线条都因喜悦而改变了。老板岂是省油的灯？通常在价钱上也是很坚持的。一番拔河以后，不管以多么高的价钱买到自己喜爱的玉，接下来的许多天都会很开心；如果万一没有买成，好些日子就会阴霾满布，特别是到下一个假日去逛，发现玉已经被买走，总有一点痛不欲生之感。

所以，只要是我喜欢的玉，我总是很坚持的，以免日后悔恨、痛苦，觉得自己对不起那块玉。

玉石上开了一朵花

几年前，我应邀去担任“梁实秋文学奖”的评审。（到我这种年纪，不，应该是说资历，几乎每年都要担任几项文学奖的评审。其实，我自己是比较喜欢参加比赛的。）

评审的有趣，也是在发现和坚持。

那一次，我发现了石德华。读到她的文章，就仿佛在满山满谷的玉石中，看到一块自己特别有缘和喜爱的，我站在摊前看了又看，然后说：就是这一块了。

因为那一块玉有一种天然、素朴、浑然的感觉，含着光芒。我知道这种玉会愈磨愈亮，非常的稀有。

为了以免日后悔恨、痛苦，觉得自己对不起那一块玉，我非常坚持地与其他的评审展开冗长的辩论。我相信，只要我们持有的是好东西，而我们又愿意无私地坚持，别人到最后也能同意那玉石的珍贵。

那一次文学奖，石德华得了第一。那时候我还没听说过石德华，揭晓姓名的时候，我还开玩笑地讲了一句：“玉石上开了一朵花。”

据石德华说，那是她开始写作的第九个月，这是很了不起的。我自己在文学奖得奖，是在我写作的第九年。

九月或九年也不顶重要，只要是好玉，总会被慧眼看见的。

穿越沙漠的河流

我一直深信，写作有一种神秘而超越的素质，是比较难以被觉

我相信，

只要我们持有的是好东西，

而我们又愿意无私地坚持，

别人到最后也能同意那玉石的珍贵。

知的。

我记得在苏菲修行者中有一个故事，可以说明这种神秘而超越的现象：

有一条河流，它发源于山区，流经乡野，最后这条河流到了沙漠。当河流流到沙漠时，它发现自己在消失，因此它非常惊恐。

“我要怎么样才能像以前越过障碍那样来越过这个沙漠呢？”河流焦急地想。

这时，沙漠对河流说：“风可以飞越沙漠，所以河流也能。”

河流并不相信沙漠的话，因为它有各种流动的经验，就是没有飞越的经验，于是它猛力向前冲，在沙漠中消失得更快。

沙漠说：“你一定得放弃你的习惯和经验，让风带领你到目的地去，这是河流越过沙漠唯一的方法。”

河流说：“那该怎么做呢？”

沙漠说：“首先你要全然地放下自我，让风带走你的水，飞过沙漠，然后，以雨水的形式掉下来，形成一条新的河流。”

河流说：“我怎能相信我完全放下自我，还会成为一条河流呢？”

沙漠说：“你不得不相信，因为你如果不相信，最多你会成为一个沼泽；如果不幸，你会完全消失。”

最后，河流升成水汽，进入风那温柔的手臂，风轻易地带它向前飞，当它们飞过沙漠时，风让河流轻轻落下。

一条新的河流就形成了，不，应该说，一条河流有了全新的经验。

照见自己的心

石德华曾写过她写作的经验，十分感人：

未写作之前的很长一段时日，我蹲踞生活之山，日日与两条巨蟒婆摩盘旋：一条叫思想，一条叫感情。表面上，我的生活面貌一成不变，生命恍若是一无所为，符合平凡幸福的所有定义，但是，在许多深沉的时刻，我总是照见自己蠢蠢微动的内心，不安定的灵魂包裹着未燃的旺烈意志。我尚找不到可赴汤蹈火、不惜一搏的人生方向，却已隐隐感受肤下血液的流速及温度。汩汩流波中，我听到自己一遍遍在说，我是谁？我要的是什么？

她开始写作是在父亲重病的病榻旁边，有一种力量——一种内在的渴望——驱迫她开始写作，她说：

我明白并没有多少时间允许我再当一缕蹲踞生活之山，每每被思想感情纠结缠绕的困惑的灵魂，我已知道我是谁及我要的是什么，也确定自己最适合的生活方式，更了解最有价值的追寻就是平凡宁静。于是，我由最深沉的痛苦中豁然站了起来，迈开大步一如夸父勇锐的决定，矢誓追向一个明亮光华的新境地。

彻悟有若金刚宝剑割裂丝帛，应声而开。我开始厘清内心深处长久以来对生命及人性的意见感发，让那潜藏生命基底的，跃跃欲试、呼之欲出。我从前不知道那究竟是什么东西做怒涛排壑之势汹涌而出，借由一支笔，它们化而为文字，一百一千一万地写出，竟而至汩汩不休如江河。就在父亲的病床边，我一面任由痛苦啃啮，一面振笔疾书。我毅然奋起迈步直追的人生新境地，就是……写作。

她觉得写作使自己获得了新生命，正如一条生命的河流在飞越生活的沙漠。

许多人认为写作可以“业余”，但是，在全生命的投注中，写作必然是专业的，是一种不得不然。

这种专业，才能使我们放下自我，消失为风中的雨水，飞越沙漠，形成新的河流。

如果想以河流的形式流经沙漠，顶多变成一个沼泽。

栽出有情之花

很久之后，我才认识石德华这个人，虽然见面的次数很少，但因为熟读过许多她的文章，感觉竟像是很老很好的朋友一样。

知道文学奖得了首奖，给了她鼓励，使她对写作更有信心，更热爱，后来她写的《校外有蓝天》竟然要出书了。

我感到非常高兴，觉得自己总算没有辜负一块玉。

禅宗祖师对于开悟的境界有一种说法，叫作“石上栽花”。石头上栽花当然是很不容易的，但如果有人开悟，那是石头的花栽成，就不会在成道的路途上退转。

如果有人问：“石头上怎么可能栽花？”

那就陷入河流到了沙漠的困惑了。石头上栽的花，原是德行之花、本质之花，是自我提升与超越之花，是无形而有情之花。

我愿意以“石上栽花”送给石德华，我深信她会写出更好的文章，为这冷漠如石的人间，栽出一些耀眼的华彩。

好的小孩教不坏

有一回去参加有关青少年问题的座谈会，与会的专家都大谈教育问题，最后轮到我发言，我说关于教育，我的看法很简单，只有两句话：第一句话是“好的小孩教不坏”，第二句话是“坏的小孩教不好”。

与会的人都大感惊诧，因为既然是这样，教育就无用了，还需要教育干什么呢?

这两句话并不是反对教育的功能，而是说通过教育所能做的事实在非常有限。这个观点是从佛教的观点出发的，因为从因果律上看，每一个孩子投生到这世界就好像是一粒种子，种子虽小，却一切都具足了。

假如这一粒是榕树的种子，那么就要以榕树的特质来帮助种子的成长，但是不管多么努力照顾，榕树的可能性是：一、变成大榕树。二、变成小榕树。三、根本不发芽成长。纵使用尽一切资源，也不可能使榕树的种子成为松树，或成为现在最昂贵的红豆杉。

教育可以做的范围大概如此，即使再天才的教育家也不应该渴望把榕树变成松树。比较不幸的是，我们目前的教育，似乎都是在努力着，希望每一个小孩子都成为红豆杉，于是耗神费力地做改变种子特质的工作，这是因为大家都相信红豆杉才是最有价值的。其实，国宝级的红豆杉固然可以做雕刻、做家具，平凡的榕树又何尝不能成为风景，不能让人在庙前乘凉呢?

教育，是在使一棵红豆杉长成好的红豆杉，尽其所用；也在使一棵榕树成长为好榕树，不负其质。如果教育是使红豆杉变成榕树，或使榕树长得像红豆杉，那就完全错了。

齐头式的教育，将会使许多红豆杉或榕树不能长成它们本质的样子。

只有立足点平等的教育，使草木自己成长，每个人的本质才能都得以发挥。

我主张“好的小孩教不坏，坏的小孩教不好”的第二个原因，是认为教育最要紧的是唤起人内在的渴望，而不在于填塞了什么内容。一个小孩子如果内在的渴望被唤起，真正想为这渴望去努力，他就不容易变坏了。这渴望，就是我们幼年时代常常写作文的“我的志愿”。那志愿如果不是口号，而是了解自我本质后的确立，渴望就产生了。

举例来说，像舞蹈家林怀民、音乐家李泰祥、电影导演侯孝贤、剧场导演赖声川、雕刻家朱铭，这些充满创造力的人物，他们所受的教育并不是什么成为艺术家的环境，由于他们的成就动机（也就是渴望），他们走上了自我教育，就比较能够成功。

反之，一个孩子的内在渴望没有被唤醒，可能造成两个极端，一是庸庸碌碌终其一生，一是充满反社会的倾向。这就像我们不管土质，把芋仔、番薯、稻子、西瓜、松树全种在一片地上，有的不会结果（庸庸碌碌），有的会破坏水土，甚至伤害别种作物的生存空间（反社会），其实，教育的原理由大自然的培育与生态中间就可以看见相通的道理。

“好的小孩教不坏，坏的小孩教不好”的第三个原因，是身教重于言教。我们要孩子有好的本质，必须自己先有好的本质，这样孩子就不致因环境的关系走上岔路。

这道理很简单，就像小的孔雀一定要养在孔雀群中，它才会知道如何学习开屏，做一只美丽的孔雀；若把孔雀养在鸡群中，孔雀到后来就会像一只鸡一样，孟母三迁的道理就在于此。

因此在理论上，一个生长在大学校园的孩子，会比生长在风月场所的孩子容易有好的本质。

这种身教重于言教的说法，用现代一点的语言描述就是“典型的确立”或“偶像的确立”。我们的孩子从小如果有好的典型或偶像，那么纵使没有提供足够的教育资源，他依然有成就动机，成功的可能性就大得多。我自己的成长环境就没有提供成为作家的资源，但由于小时候的偶像都是诗人、作家，也就自然地走向作家之路。

我们大致上都会同意，关于教育，人格比学问重要，智慧比知识重要。一个孩子若有健全的人格，而且有生活的智慧，不仅他自己会过得平安快乐，也会成为社会的正面因素。如果我们教了许多有学问、有知识的人，却人格不健全，生活贫血，那就是整个教育、整个社会的悲哀。

天下太平的线索，就是每一个人都确立了生命的好品质，可叹的是，这个社会愈来愈重视包装而忽视品质了。“好的小孩教不坏，坏的小孩教不好”的结论是，如果钻石被琢磨出来了，不管怎么包装，都是依然耀眼的。

路上捡到一粒贝壳

午后，在仁爱路上散步。

突然看见一户人家院子里种了一棵高大的面包树，那巨大的叶子有如扇子，一扇扇地垂着，迎着冷风依然翠绿，一如在它热带祖先的雨林中。

我站在围墙外面，感到这棵面包树十分有趣，那家人的宅院已然老旧，不过在这一带有着一个平房，必然是亿万的富豪了。令我好奇的是这家人似乎非常热爱园艺，院子里有着许多高大的树木，园子门则是两株九重葛往两旁生长而在门顶握手，使那扇厚重的绿门仿佛戴着红与紫两色的帽子。

绿色的门在这一带是十分醒目的。我顾不了礼貌的问题，往门隙中望去，发现除了树木，主人还经营了花圃，各色的花正在盛开，带着颜色在里面吵闹。等我回过神来，退了几步，发现寒风还鼓吹着双颊，才想起，刚刚往门内那一探，误以为真是春天了。

脚下有一些裂帛声，原来是踩在一张面包树树叶的扇面上了，叶子大如脸盆，却已裂成四片。我遂兴起了收藏一片面包树叶的想法，找到比较完整的一片拾起，意外，可以说非常意外地发现了，树叶下面有一粒粉红色的贝壳。我把树叶、贝壳拾起，就离开了那个家门口。

但是，我已经不能专心地散步了。

冬天的散步，于我原有运动身心的功能，本来在身心上都应该做到无念和无求才好，可惜往往不能如愿。选择固定的路线散步，当然比较易于无念，只是每天遇到的行人不同，不免使我常思索起他们的职业或背景来，幸而城市中都是擦身而过的人，念起念息有如缘起缘灭，走过也就不会挂心了；一旦改变了散步的路线，初开始就会忙碌得不得了，因为新鲜的景物很多，念头也蓬勃，仿佛汽水开瓶一样，气泡兴兴灭灭地冒出来，念头太忙，回家来会使我头痛，好像有某种负担；还有一种情况，是很久没有走的路，又去走一次，发现完全不同了。这不同有几个原因，一个是自己的心境改变了，一个是景观改变了，还有一个重要原因，是季节更迭了。使我知道，这个世界是无常的因缘所集合而成，一切可见、可闻、可触、可尝的事物竟没有永久（或只是较长时间）的实体，一座楼房的拆除与重建只是比浮云飘过的时间长一点，终究也是幻化。

我今天的散步，就是第二种，是旧路新走。

这使我在尚未捡面包树叶与贝壳之前，就发现了不少异状。例如，我记得去年的这个时间，安全岛的菩提树叶已经开始换装，嫩红色的小叶芽正在抽长，新鲜、清明、美而动人。今年的春天似乎迟了一些，菩提树的叶子，感觉竟是一叶未落，老得有一点乌黑，使菩提树看起来承受了许多岁月的压力。发现菩提树一直在等待春天，使我也有些着急起来。

木棉花也是一样，应该开始落叶了，却尚未落。我知道，像雨降、风吹、叶落、花开、雷鸣、惊蛰都是依时序的缘升起，而今年的春天之缘，为什么比往年来得晚呢?

还看到几处正在赶工的大楼，长得比树快多了，不久前开挖的地基，已经盖到十楼了。从前我们形容春雨来时农田的笋子是“雨后春笋”，都市的楼房生长也是雨后春笋一样的。这些大楼的兴建，使这一带的面目完全改观，新开在附近的商店和一家超级啤酒屋，使宁静与绿意备受压力。

记忆最深刻的是路过一家新开张的古董店，明亮橱窗最醒目的地方摆了一个巨大的白水晶原矿石，店家把水晶雕成一只台湾山猪正被七只狼（或者狗）攻击的样子。为了突出山猪的痛苦，山猪的蹄子与头部是镶了白银的，咧嘴哀号，状极惊慌。标价自然十分昂贵，我一辈子一定不能储蓄到与那标价相等的金钱。对于把这么美丽而昂贵的巨大水晶（有桌面那么大），却做了如此血腥而鄙俗的处理，竟使我生出了一丝丝恨意和巨大怜悯。恨意是由雕刻中的残忍意识而生，怜悯是对于可能把这座水晶买回的富有的人。其实，我们所拥有和喜爱的事物无不是我们心的呈现而已。

如果我有一块如此巨大的水晶，我愿把它雕成一座春天的花园，让它有透明的香气；或者雕成一尊最美丽的观世音菩萨，带着慈悲的微笑，散放清明的光芒；或者雕几个水晶球，让人观想自性的光明；或者什么都不雕，只维持矿石的本来面目。

想了半天才叫了起来，忘记自己一辈子不可能拥有这样的水晶，但这时我知道不能拥有比可以拥有或已经拥有使我更快乐。有许多事物，“没有”其实比“持有”更令人快乐，因为许多的有，是烦恼的根本，而且不断地追求有，会使我们永远徘徊在迷惑与堕落的道路上。幸而我不是太富有，还能知道在人世中觉悟，不致被福报与放纵所蒙蔽；幸而我也不是太忙碌或太贫苦，还能在午后散步，兴趣盎然地看着世界。从污秽的心中呈现出污秽的世界，从清净的心中呈现出清净的世界。人的境况或有不同，若能保有清净的观照，不论贫富，事实上都不能转动他。

看看一个人的念头多么可怕，简直争执得要命，光是看到一块残忍的水晶雕刻，就使我跳跃一大堆念头，甚至走了数百公尺，完全忽视眼前的一切。直到心里一个声音对我说了一句话，才使我从一大堆纷扰的念头中醒来：“那只是一块水晶，山猪或狼只是心的觉受，就好像情人眼中的兰花是高洁的爱情，养兰花者的眼中兰花总有个价钱，而武侠小说里，兰花常常成为杀手冷酷的标志。其实，兰花，只是兰花。”

从念头惊醒，第一眼就看到面包树，接下来的情景如上所述。拿着树叶与贝壳的我也茫然了。

尤其是那一粒贝壳。

这粒粉红色的贝壳虽然新而完好，但不是百货公司出售的那种经过清洗磨光的贝壳，由于我曾在海边住过，可以肯定贝壳是从海岸上捡来不久，还带着海水的气息。奇特的是，海边来的贝壳是如何掉落到仁爱路的红砖道上的呢？或者是无心的遗落，例如跑步时从口袋掉出来？或者是有心的遗落，例如情人馈赠而爱情已散？或者是……有

幸而我不是太富有，还能知道在人世中觉悟，不致被福报与放纵所蒙蔽；幸而我也不是太忙碌或太贫苦，还能在午后散步，兴趣盎然地看着世界。

太多的或者是，没有一个是肯定的答案。唯一肯定的是，贝壳，终究离开了它的海边。

人生活在某时某地，正如贝壳偶然落在红砖道上，我们不知道从哪里、为何、干什么地来到这个世界，然后不能明确说出原因就迁徙到这个城市，或者说是飘零到这陌生之都。

“我为什么来到这世界？”这句话使我在无数的春天中辗转难眠，答案是渺不可知的，只能说是因缘的和合，而因缘深不可测。

贝壳自海岸来，也是如此。

一粒贝壳，也使我想起在海岸居住的一整个春天，那时我还那么年轻，有浓密的黑发，怀抱着爱情的秘密，天天坐在海边沉思。到现在，我的头发和爱情都有如退潮的海岸，露出它平滑而不会波动的面目。少年的我在哪里呢？那个春天我没有拾回一粒贝壳、没有拍过一张照片，如今竟已完全遗失了一样。偶尔再去那个海岸，一样是春天，却感觉自己只是海面上的一个浮沤，一破，就散失了。

世间的变迁与无常是不变的真理，随着因缘的改变而变迁，不会单独存在、不会永远存在，我们的生活有很多时候只是无明的心所映现的影子。因为，我们可以这样说，少年的我是我，因为我是从那里孕育，而少年的我也不是我，因为他已在时空中消失。正如贝壳与海的关系，我们从一粒贝壳可以想到一片海，甚至与海有关的记忆，竟然这粒贝壳是在红砖道上拾到，与海相隔那么遥远！

想到这些，差不多已走到仁爱路的尽头了。我感觉到自己有时像个狂人，时常和自己对话不停，分不清是在说些什么。我忆起父亲生前有一次和我走在台北街头，突然说：“台北人好像猶仔，一天到暗在街仔赖赖趖。”翻成普通话是：“台北人好像神经病，一天到晚在街头乱走。”我有时觉得自己是猜仔之一，幸而我只是念头忙碌，并没有像逛街者听见换季打折一般，因欲望而狂乱奔走；而且我走路也维持了乡下人稳重谦卑的姿势，不像台北那些冲锋陷阵或龙行虎步的人，显得轻躁，带着狂性。

我尤其不喜欢台北的冬天，不断的阴雨，包裹着厚衣的人在拥挤的街道，有如撞球的圆球撞来撞去。春天来就会好些，会多一些颜色、多一点生机，还有一些悠闲的暖气。

回到家把树叶插在花瓶，贝壳放在案前，突然看到桌上的黄历，今天竟是立春了：

“立春：斗指东北为立春，时春气始至，四时之卒始，故名立春也。”

我知道，接下来会有雨水、惊蛰、春分、清明、谷雨……台北的菩提树叶会换新，而木棉与杜鹃会如去年盛开。

秘密的地方

在我的故乡，有一弯小河。

小河穿过山道、穿过农田、穿过开满小野花的田原。晶明的河水中是累累的卵石，石上的水迈着不整齐的小步，响着淙淙的乐声，一直走出我们的视野。

在我童年的认知里，河是没有归宿的。它的归宿，远远地看，是走进了蓝天的心灵里去。

每年到了孟春，玫瑰花盛开以后，小河淙淙的乐声就变成响亮的欢歌。那时节，小河成为孩子们最快乐的去处。我们时常沿着河岸，一路闻着野花草的香气散步，有时候就跳进河里去捉鱼摸蛤，或者沿河插着竹竿钓青蛙。

如果是雨水丰沛的时候，小河低洼的地方就会形成一处处清澈的池塘，我们跳到里面去游水，等玩够了，就爬到河边的堤防上晒太阳，一直晒到夕阳从远山的凹口沉落，才穿好衣服回家。

那条河，一直是我们居住的村落人家赖以维生的所在。种稻子的人，每日清晨都要到田里巡田水，将河水引到田中；种香蕉和水果的人，也不时用马达将河水抽到干燥的土地；那些种青菜的人，更依着河边的沙地围成一畦畦的菜圃。

妇女们，有的在清晨，有的在黄昏，提着一篮篮的衣服到河边来洗涤，她们排成没有规则的行列，一边洗衣一边谈论家里的琐事，互相做着交谊。那时河的无言，就成为她们倾诉生活之苦的最好对象。

在我对家乡的记忆里，故乡永远没有旱季，那条河水也就从来没有断过，即使在最阴冷干燥的冬天，河里的水消减了，但河水仍然像蛇一样，轻快地游过田野的河岸。

我几乎每天都要走过那条河，上学的时候我和河平行着一路到学校去，游戏的时候我们差不多都在河里或河边的田地上。农忙时节，我和父亲到田里去巡田水，或用麻绳抽动马达，看河水抽到蕉园里四散横流。黄昏时分，我也常跟母亲到河边浣衣。母亲洗衣的时候，我就一个人跑到堤防上散步，踮起脚跟，看河的尽头到底是在什么地方。

我爱极了那条河，不知道为什么。在那个封闭的小村镇里，我一注视着河，心灵就仿佛随着河水，穿过田园和市集，流到不知名的远方——我对远方一直是非常向往的。

大概是到了小学三年级的时候吧，学校要举办一次远足，促使我有了沿河岸去探险的决心。我编造了一个谎言，告诉母亲我要去远足，请她为我准备饭盒；告诉老师我家里农忙，不能和学校去远足。第二天清晨，我带着饭盒从我们家不远处的河段出发。那时我看到我的同学们一路唱着歌，成一路纵队，出发前往不远处的观光名胜。

我心里知道自己的年纪尚小，实在不宜于一个人单独去远地游历，但是我盘算着，和同学去远足不外是唱歌、玩游戏，一定没有沿河探险有趣。何况我知道河是不会迷失方向的，只要我沿着河走，必然也可以沿着河回来。

那一天阳光格外明亮，空气里充满了乡下田间独有的草香。河的两岸并不如我原来想象的充满荆棘，而是铺满微细的沙石：河的左岸差不多是沿着山的形势流成的，河的右岸边缘正是人们居住的平原，人的耕作从右岸一直拓展开去，左岸的山里则还是热带而充满原始气息。蒲公英和银合欢如针尖一样的种子，不时从山上飘落在河中，随河水流到远处去。我想这正是为什么不管在何处都能看到蒲公英和银合欢的原因吧！

对岸山里最多的是相思树，我是最不爱相思树的，总觉得它们的树干长得畸形，低矮而丑怪，细长的树叶好像也永远没有规则。可是不管喜不喜欢，它正沿路在和我打着招呼。

我就那样一面步行，一面欣赏风景，走累了，就坐在河边休息，把双脚泡在清凉的河水里。走不到一个小时，我就路经一个全然陌生的市镇或村落，那里的人和家乡的人打扮一样，他们戴着斗笠，卷起裤脚，好像刚刚从田里下工回来。那里的河岸也种菜，浇水的农夫看到我奇怪地走在河岸边，都亲切地和我招呼，问我是不是迷了路。我告诉他们，我正在远足，然后就走了。

再没有多久，我又进入一个新的村镇。我看到一些妇女在河旁洗衣，用力地捣着衣服，甚至连姿势都像极了我的母亲。我离开河岸，走进那个村镇，彼时我已经识字了，知道汽车站牌在什么地方，知道邮局在什么地方。我独自在陌生的市街上穿来走去。看到这村镇比我

生活里受到挫败时，我总是跑到河边去和小河共度；欢喜时，我也让小河分享。有时候看着那无语的流水，真能感觉到小河的沉默里有一股脉脉的生命。

居住的地方残旧，街上跑着许多野狗，我想，如果走太远赶不及回家，坐汽车回去也是个办法。

我又再度回到河岸前行，然后我慢慢发现，这条河的右边大部分都被开垦出来了，而且那些聚落里的人民都有一种相似的气质和生活态度。他们依靠这条河生活，不断地劳作，并且群居在一起，互相依靠。我一直走到太阳往西偏斜，一共路过八个村落和城镇，觉得天色不早了，就沿着河岸回家。

因为河岸没有荫蔽，回到家，我的皮肤因强烈的日炙而发烫，引得母亲一阵抱怨："学校去远足，怎么走那么远的路？"随后的几天，同学们都还在远足的兴奋情绪里絮絮交谈，只有我没有什么谈话的资料，但是我的心里有一个秘密的地方——就是那条小河，以及河两岸的生命。

后来的几年里，我经常做着这样的游戏，沿河去散步，并在抵达陌生村镇时在里面溜达嬉戏，使我在很年幼的岁月里就知道，除了自己的家乡，还有许多陌生的广大天地，它们对我的吸引力大过和同学们做无聊而重复的游戏。

日子久了，我和小河有了一种秘密的情谊。生活里受到挫败时，我总是跑到河边去和小河共度；欢喜时，我也让小河分享。有时候看着那无语的流水，真能感觉到小河的沉默里有一股脉脉的生命。它不但以它的生命之水让沿岸的农民得以灌溉他们的田园，也能慰安一个成长的孩子，让我在挫折时有一种力量，在喜悦时也有一个秘密的朋友分享。笑的时候仿佛听到河的欢唱，哭的时候也有小河陪着低吟。

长大以后，常常思念故乡，以及那条贯穿其中的小河。每次想起，总像保持着一个秘密，那里有温暖的光源如阳光反射出来。

是不是别人也和我一样，心中有一个小时候秘密的地方呢？它也许是一片空旷的平野，也许是一棵相思树下，也许是一座大庙的后院，也许是一片海滩，或者甚至是一本能同喜怒共哀乐一读再读的书册……它们宝藏着我们成长的一段岁月，里面有许多秘密，是连父母兄弟都不能了解的。

人人都是有秘密的吧！它可能是一个地方，可能是一段爱情，可能是不能对人言的荒唐岁月，那么总要有一个倾诉的对象，像小河与我一样。

有一天我路过外双溪，看到一条和我故乡一样的小河，我竟在那里低回不已。我知道，我的小河时光已经远远逝去了，但是我清晰地记着那一段日子，也相信小河保有着我的秘密。

莺歌山之冬

每年一到冬天，有一位生长在北方的朋友就常常抱怨台北不下雪，一点不像冬天，然后就会谈起他在北方的故乡。那里一片莹白的雪，让人在冬天还有清明朗净的心情。不下雪，有许多事做起来就少了滋味，像喝白干、吃烤羊肉，围在一起吃涮锅。

有一回我忍不住说："雪恐怕不是你最怀念的，你怀念的只是一种心情吧！"因为即使在台湾也有许多地方下雪，我的朋友到雪地里还是不能平静。一旦到了海外遍地的冰雪，恐怕更要怀念这个南方小岛的绿色冬天了。

冷暖最深刻的感受，原来不是在肌肤上的，而是心情上的。在落寞之际，处在春天的花园里，心里仍然会冷；兴起之时，即使走在寒天的雪夜，还能有暖意。我常有这样的经验，寻常的人一定也有。我就看过遭受重大挫折的人，在炎热的夏天还浑身打着哆嗦。

不管春夏秋冬，我总是喜欢到郊外去，因为在室内，就不能感受真实的季节感应。我觉得最可悲的莫过于夏天总是躲在冷气房里，而冬风来袭时则抱守着暖炉的人。那样的人不知道春花何时盛放，也不能体会冷冬独步街头冷冽的清醒。

去年冬天，我经常到台北近郊莺歌山上的亲戚家里度假。那时我觉得，即使没有雪，人坐在屋里听着呼啸的山上风雨，也能寒到彻骨，简单地坐在书桌前读一本好书，同样的风雨，也是没有寒意的。

莺歌，是一个再平凡不过的小镇，因为它是个陶瓷工业城，还隐伏着空气污染、噪声弥漫、道路崎岖等种种问题。大致地说，它不能说是一个美丽的城。可是就在我从台北往莺歌驰车的路上，心情却美丽了，尤其是在冬天。

台北往莺歌有两条路，一条是走板桥、树林、山佳，一条是走板桥、土城、三峡。前者是沿着铁道的一条山路，曲曲折折，让人有一种深不可测的感觉。尤其是车到山佳，要通过许多山弯，每一道山弯都是一方豁然开朗的天地。后者是在两片平原中间的宽广马路，左右都是稻田，偶有灰色的农舍夹杂其中，即使最冷的风雨也是绿色的。

我说冬天最好，是因为一到冬天，污染的空气就仿佛在绵绵的冷雨中洗清了。

亲戚住的地方是山上一座独立的大屋，旁侧就是一家工厂。即使在冬天，工厂也二十四小时发出隆隆的机械声，机械的规律性，时间一久，也能不闻其声了。如果有风雨隔着，机械的声音就黯淡下来。那时坐在桌前听风看雨，机械的声音仿佛是有着生命，不肯向风雨妥协。然后在第二天的清晨，我看见一车车的地砖从工厂中运出，它们是沉默的，但是全省有多少大楼就是在那沉默中被建造起来的呢？

最好的是火车的声音吧。居处不远，每隔几分钟就有一列火车的声音响过。从远处看，火车真是美，每一格车窗都有一格乡心在旷野中奔驰，每一扇亮灯的车窗都是活的。它带着我们夜的怀乡的心情，开向南方，南方此刻可能是温暖、阳光普照的。我总觉得望着远远的列车，在雨中远比在阳光下让人惊心。

有时候亲戚的小孩放假，我们就在书房里说故事。围着煤油的炉子，我聆听着孩子们说出他们心里的梦想，他们在冬季仍充满生命的热力，不畏寒冷。有一天，他们在院子里放冲天炮，一道闪光射过满天的雨，最小的孩子欢呼地说："我要把冲天炮射到星星的位置。"那时天上并没有星，可是在孩子心里却有星的光芒。我想，孩子不畏冬，因为他们总知道春天的百花不远；大人怕冬，是知道下一个春天不是今年的春天。

冬天在孩子的眼中是为春天而吹奏的音乐，是在风雨中还能看见的朝霞。在孩子看来，冬天和春天的距离像同一花枝上的两朵花；对我们来说，冬与春的距离，像星与星的距离一样大。我几乎能体会孩子的想法，但也使我惆怅，冬天是烦人的，然而只要我们能捉住小小的乐趣，冬天烤番薯的香味也可以和春天的玫瑰花香一样令人回味。

人只要多少有孩子的心情和孩子的梦，冬天下不下雪无关紧要，因为雪总要过去。纪伯伦说："橡树和松柏既不是同类，也不必在彼此的荫中生长。"在莺歌山上过冬，我觉得冬天如果是松柏，春天就是橡树，原是没有好坏，差别的只是心情。我写信给朋友："不必怀念北国的雪了，没有雪也能有雪的心情。"

屋顶上的田园

连续来了几次台风，全台湾又为了昂贵的菜价而沸腾了，我们家是少数不为菜价烦恼的家庭。

今年春天，我坐在屋顶阳台上乘凉的时候，看着空荡荡的阳台，心里想："为什么不在阳台上种点东西呢？"我想到居住在乡间的亲戚朋友，每一小片空地也都是尽量地利用，空着三十几坪的阳台岂不是太可惜吗？

于是，我询问太太和孩子的意见："到底是种花好呢，还是种菜好？"他们都认为是种菜好，因为花只是用来看的，菜却要吃进肚子里，而台湾的农药问题是如此可怕。

孩子问我："爸爸，你真的会种菜吗？"

我听了大笑起来："那是当然的啊！想想老爸是农人子弟，从小什么作物没有种过，区区一点菜算得了什么！"

自己吹嘘半天，却也有一些心虚起来。我的祖父、父亲都是农夫，我小时候虽也有农事的经验，但我少小离家，那已经是很遥远的事了。

种菜，首先要整地。立刻就面临要在阳台上砌砖围土的事情，这样工程就太浩大了。我和孩子一起讨论："如果我们找来三十个大花盆，每一个盆子栽一种菜，一个月之后，我们每天采收一盆，就会天天有蔬菜吃了。"

我把从前种花的时候弃置的花盆找出来，一共有十八盆，再去花市买了十二个塑料盆子。泥土是在附近的工地向工地主任要来的，种子是托弟媳在乡下的市场买的。没有种过菜的人，一定想不到菜的种子非常便宜，一包才十元，大概可以种一亩地。如果种一盆，种子不到一毛钱。小贩在袋子上都写了菜名，乡下的菜名和国语不同，因此搞了半天，才知道"格林菜"是"芥蓝菜"，"汤匙菜"是"青康菜"，"药菜"是"空心菜"，"美仔菜"是"莴苣"。那些都是菜长出来后才知道的。其实，所有的菜都很好吃，种什么菜都是一样的。

我先把工地拿来的废土翻松。都市里的土地从未种作，地力未曾使用，应该是很肥沃的。所以，种菜的初期，我们可以不使用任何肥料。我已经想好要用的肥料了，例如洗米的水、煮面的汤、菜叶果皮，以及剩菜残羹，等等。

叶菜类的生长速度非常快，从发芽到采收只要三个星期的时间。几乎每天我都会因看到茂盛的生长而感到喜悦。特别是像空心菜、红凤叶、番薯叶，一天就可以长出一寸长。

我也决定了采收和浇水的方法。

一般的菜农采收叶菜，为了方便起见，都是整棵从地里拔起。我们在阳台种菜格外艰辛，应该用剪刀来采收。例如摘空心菜，每次只采最嫩的部分，其根茎就会继续生长，隔几天又可以收成了。

浇水呢？曾经种菜的弟弟告诉我，如果用自来水来浇灌，不只菜长不好，而且自来水费比菜价还高。我找来一些大桶放在阳台，以便下雨时可以集水，平常则请太太帮忙收集洗米、洗菜的水，甚至洗手、洗澡的水。既是用花盆种菜，这样的水量也就够了。

我种的第一批菜快要可以收成的时候，发现菜园来了一些虫、蜗牛、蚱蜢等小动物。它们对采收我的菜好像更有兴趣、更急切。这使我感到心焦，因为我是不杀生、不使用农药的，把小虫一只一只抓来又耗去了太多的时间。

有一天，一位在阳明山种兰花的朋友来访。我请他参观阳台的菜园。他说他发明了一种农药，就是把辣椒和大蒜一起泡水。一桶水里大约辣椒十条、大蒜十粒，然后装在喷水器里，喷在花盆四周和菜叶上，既卫生无毒又有奇效。

从此，我大约每星期喷一次自制的“农药”，果然再也没有虫害了。

自从我种的菜可以采收之后，每次有朋友来，我都摘菜请客，他们很难相信在阳台上可以种出如此甜美的菜。有一位朋友吃了我种的菜，大为感慨：“在台北市，大概只有两个大人物自己在屋顶上种菜，一个是王永庆，一个是林清玄。”

我听了大笑。大人物是谈不上，不过吃自己种的青菜确实非常踏实，有成就感。

还有一次，主持《玫瑰之夜》的曾庆瑜小姐来访，看到我种的菜，大为兴奋，摘了一枝红凤菜，也没有清洗，就当场大嚼起来。我想阻止她已经来不及了，如果告诉她农药和肥料的来源，她吃得一定更有“味道”了。

从开始种菜开始，我就不再担心菜价的问题了。每有台风来的时候，我把菜端到避风的墙边，每次也都安然度过，真感觉到微小的事物中也有幸福欢喜。

每天的早晨和黄昏，我抽出半个小时来除草、浇水、松土，一方面劳动了久坐的筋骨，一方面也想起从前在乡间耕作的时光，在劳苦之中感觉到生活的踏实。

我常想，地球上的土地是造物者为了生养人类而创造的，如今却有很多人把土地作为占有与幸福的工具，真是辜负了土地原有的价值。

想到一个在东京银座有块土地的日本人，拿土地来种稻子。许多人为他不把土地盖成昂贵的楼房，却用来种粗贱的稻米而感到不可思议，那是因为人们已经日渐忘记土地的意义了。东京银座那充满铜臭的土地还可以生长稻子，不是值得欢喜的事吗？

我在阳台上种菜是不得已的，但愿有一天能把菜种在真正的土地上。

盛夏的凤凰花

返回故乡旗山小住，特别到我曾就读的旗山中学去，看看这曾孕育我，使我生起作家之梦的地方。

旗山中学现在已经改名为旗山国中，整个建筑和规模还是二十几年前的样子，只是校舍显得更老旧，而种在学校里的莲雾树、椰子树、凤凰树长得也比以前高大了。

学校外面变化比较大，原本围绕着校区的是郁郁苍苍的香蕉树，现在已经一棵不剩了，完全被贩厝与别墅所占据，篮球场边则盖了一排四层楼的建筑。原本在校园外围的槟榔树也被铲除了，长着光秃秃的野草。附近的人告诉我，那些都是被废耕的土地，还有几块是建筑用地，马上就要动工了。

看到学校附近的绿树大量减少，使我感到失落，幸好在司令台附近几棵高大的凤凰树还是老样子，盛开着蝴蝶一样的红花，满地的落英。

我在中学的记忆，最深的就是这几棵凤凰树，听说它们在我尚未出生时就这样高大了。从前，每天放学的时候，我会到学校的角落去拉单杠，如果有伴儿，就去打篮球，打累了我便跑到凤凰树下，靠着树，坐在绿得要滴出油的草地上休息。

坐在那里的时候，不知道为什么会有一个内在的声音在呼唤着，将来长大要当作家，或者诗人。如果当不成，就做画家；再做不成，就做电影导演；再不成，最后一个志愿是去当记者。我想，这些志愿在二三十年前的乡下学生里是很不寻常的，原因在于我是那么喜欢写作、画画和看电影。至于记者，是因为可以跑来跑去，对于初中时没有离开过家乡的我，有很强大的吸引力。

在当时，我的父亲根本还不知道人可以靠写文章、绘画、拍电影来生活。他希望我们好好读书，以便能不再依赖农耕生活。他认为我们的理想职业，是将来回到乡下教书，或做邮局、电信局的职员，当然能在农会或合作社、青果社上班也很好；至于像医生、商人那种很赚钱的行业，他根本不存幻想，他觉得我们不是那种根器。

对于我每天的写作、绘画，赶着到旗山戏院或仙堂戏院去捡戏尾仔的行径，他很不赞成。不过他的农地够他忙了，也没有时间管我。

我那时候常把喜欢的作家或诗人的作品，密密麻麻地写在桌子上，有一回被老师发现，还以为我是为了作弊，后来才发现那上面有郑愁予、周梦蝶、余光中、洛夫、司马中原、梦戈、痖弦、朱西宁、萧白、罗兰等名字。当然我做梦也没想到二十年后，会一一和这些作家相识，大部分还成为朋友。

为了当作家，我每天去找书来看，到图书馆借阅世界名著，一段一段重抄里面感人与精彩的章节，那样渴望着进入创作心灵，使我感受到生命的深刻与开展。有时读到感人的作品，会开心大笑或黯然流

在凤凰树下，世界原是如此辽阔，多情而动人；心灵则是深邃、广大，有无限的空间。对一位生在乡下的平凡少年，光是这样想，就好像装了两只坚强的翅膀。

泪，因此我在读中学的时候便是师友眼中哭笑无端的人。我也常常想着：如果有一天能够写作，不知道是幸福得何等的事。当然，后来真的从事写作，体会到写作的不易是很多年以后的事了。

坐在盛开的凤凰树下所产生的梦想，有一些实现了，像我后来去读电影，是由于对导演的梦从未忘情；有近十年的时间专心于绘画，则是对美术追求的愿望；做了十年的新闻工作，完成了到处去旅行探访的心愿；也由于这些累积，我一步一步地走向写作之路。

关于做一个作家，我最感谢的是父母亲，他们从未对我苛求，使我保有了更大的想象空间；也特别感谢我的大姐，当时她在大学中文系读书，寒暑假带回来的文学书籍，便是我的启蒙老师。

在凤凰树下，我想着这些少年的往事，然后站在升旗台往下俯望，仿佛也看见了我从前升旗所站的位子。世界原是如此辽阔，多情而动人；心灵则是深邃、广大，有无限的空间。对一个生在乡下的平凡少年，光是这样想，就好像装了两只坚强的翅膀。

眼前这宁静的校园是我的母校呀！当我们想到母校，某些爱、关怀，还有属于凤凰花的意象就触动我们，好像想到我们的母亲。

花魂离枝

站在千千万万朵花的中间，我的心里突然升起一个冰冷的念头："为什么闻不到花香？"

这个念头使我忍不住在花摊间来回巡狩，我确定了：这里没有花香，那里没有花香，处处都没有花香！

我感到无法言诠的清冷和寂寞。而我正站在台北最大的花市中，四周是一摊连着一摊的切花铺，被无数的玫瑰、桔梗、百合、兰花、菊花……所围绕，千千万万的花竟没有一丝花香，甚至没有一丝丝花的气息。

太可惊了！

过去的一年，我每个月都会和妻子到花市几次，买几盆当季的草花和几束玫瑰或桔梗的切花，来装饰我们的房子。由于我自己的轻忽，竟然没有注意到花香的问题。一直到今天，我仿佛被什么唤醒了，突然悟到：如果花失去了香气，就像人失去了魂魄，实在太可怕了。

接着，我走到卖兰花的区域，把鼻子埋入一盆一盆的兰花中，全无气息，整个兰花的商店立时变成卖“兰花剪纸”的店铺，那不是兰花了，那是剪纸！

想起我在少年时代，曾随爱养兰的父亲，在六龟山山区寻找原生兰花的踪迹，那时找到的每一盆兰花都有沁人的花香。也听父亲提及，原住民有一些猎兰高手，他们常爬到树上“闻风”，在风里闻到几里外的兰花香，寻香而往，就能找到奇花异草！

如今兰花香何处去？满园的兰花竟无一有香！

听种植兰花的农人说过，现在用试管繁殖兰花实在太简单了。以前价值千万的达摩兰，现在一株只要一百元。现在的达摩兰和以前的一模一样，唯一不同的是，现在的达摩兰不会香了。

那就像坐在少林寺前面壁的达摩大师，失去了人格的芳香，只剩下沉默的人形立牌了。

不只是切花，再往旁边卖盆栽的摊子逛逛，会发现玉兰、茉莉、含笑，虽然盛开，香也退淡了；九层塔、紫苏、薄荷、薰衣草，只有剥下叶子，用力搓揉，才能勉强挤出一点点香味。

花市中的花卉，失去了一切的香，使我感到骇然。我们在千万朵玫瑰花中散步，闻到的花香竟然不及在百货公司的香水柜台试喷一滴香水！我们走过号称史上最大的台北“花博”，闻到的花香竟然完全穿不透人与人推挤的汗臭！

香失而求诸野！我想到不久前到汐止的五指山访友，在车里竟闻到浓郁的花香，把车窗打开，花香一波一波袭人。香气逼着我们下车，就像原住民“猎兰”的人循着香气前行，最后走到一大片柚子林中。

柚子花正在含苞或盛放，那香气太惊人。满天飞舞的蜜蜂与蝴蝶，正和我们一起分享这春日的繁华。原来花香可以是这样，不是进入我们的鼻子，而是渗入我们的毛孔。我们生命中那些无法言说的苦恼，也从毛孔中被清洗了。

后来，我们在路边买了一罐手工野蜂蜜，一打开，全是柚子花香。蜜蜂用巧手把花香凝结而珍藏了。

如果循着柚子花香，我就可以找到童年时代的柠檬园和槟榔林。柠檬花和槟榔花开的香气，远远超过人的想象，前者清冽，后者冷艳，让人仿佛置身于佛经所说的“香水大海”。如果有热气旋，我们就能乘着万香的翅膀，飞向如来的国度。

自然的花香为什么在现代失去了?

谁曾在花市看到过一只蜂和一只蝶呢?

谁能在花市的万花丛中闻到花香呢?

花香的失去是不是正在隐喻我们失去了自然的原貌呢?

兰花快速地在试管中繁殖，一直到开花前都没有亲近过土地，未曾受到雨露光电的洗礼，只在最后开花时，被匆匆塞进塑胶盆里。它根本不知道自己是有香气的植物，它也不需要用花香来引诱蜂、蝶授粉，又如何会有香气呢?

玫瑰是不断地剪枝插枝，它虽然勉强地生存，又加上用许多化肥来哺育，所以很快地开花了。但现代的玫瑰盆栽，开完花就枯了，拔出来一看，连根都没有长全，更不用说深入地里了！无根的玫瑰又如何会有香气呢?

其他的花不也是这样吗？种花的人种的不是花，种花的人种的是钞票。对花而言，香气是要紧的！对钞票，需要什么香气呢？

失去了香气的花是如此骇人！还有更骇人的，你去过“花博”了吗？眼见那满坑满谷抢着入园的人，几人亲近过土地？几人受过风雨？又有几人从心里散出人格的馨香？

菩萨坐在莲花上最大的理由，不只是出淤泥而不染，而是菩萨的心与莲花的心都有非凡的芬芳。

可憾的是，在现代，连莲花都不香了！

买了半山百合

在市场里，有个宜兰人，每隔几天来卖菜。

这个宜兰人像魔法师一样，长得滑稽而神气，他的菜篮里每次总会有几把野花，像鸡冠花、小菊花、圆仔花、大理花之类的。他告诉我，他在家附近采到什么花，就卖什么花。

他卖菜与一般菜贩无异，但卖花却有个性，不论大把小把，总是卖五十元，所以买的人有时觉得很便宜，有时觉得很贵。他不在乎，也不减价，理由是："卖菜是主业，要照一般的行情；卖花是副业，我想怎么卖就怎么卖呀！爽就好！"

他卖花爱卖不卖的，加上采来的花比不上花店的花好看，有的极瘦小，有的被虫吃过，所以生意不佳。可怪的是，他宁可不卖，也不折价。有时候他的花好，我就全买了（不过才三四把），所以他常对我说："老板，你这个人阿莎力[①]，我真甲意[②]。"有时候花真的不好，我不买，他会兜起一把花追上来："嘿！送你啦！我这个人也阿

---

①"阿莎力"是日语翻译成闽南语的意译。意思是很干脆、豪爽，中国台湾地区多见。

②"甲意"是喜欢的意思。

莎力。”

久了以后，相熟了，我就叫他“阿莎力”。他颇乐，远远看到我就笑嘻嘻的，好像迪士尼卡通《石中剑》里那个魔法师一样。

每年野姜花或百合花盛开的时候，阿莎力最开心，因为他的生意特别好。百合与野姜洁白、芬芳，都是讨人喜欢的花，又不畏虫害，即使是野生的也开得很美。那时，百合花就不只卖三四把了，他每天带来一大桶，清早就被抢光。他说，卖一桶花赚的钱胜过卖两担菜。“台北人也真是的，白菜一斤才卖二十元，又要杀价，又要讨葱；一束花五十元，也不杀价，一次买好几把，怕买不到似的。”然后他消遣我，“老板，你是台北人呀！还好你买菜不杀价，也不讨葱。”

今天路过阿莎力的摊子，看到有几束百合，比从前卖的百合瘦小，株条也不挺直，我说：“阿莎力，你今天的百合怎么只有这些？”

“全卖给你好了，这是今年最后的野百合了，我把半座山的百合全摘来了。”

“半座山的百合？”

“是呀！百合的季节已经过了，我走了半个山只摘到这些，以后没有百合卖了。”

“半座山的百合，那剩下的半座山呢？”

“剩下的半座山是悬崖呀，老板！”阿莎力苦笑着说。

想到这是今年最后的百合，我就把他所有的百合全买下来了，总共才花了三百元。回家的路上，我想，三百元就买下半座山的百合，十分不可思议。

我把百合插在花瓶里，晚上的时候，一个人静静地看那纯白的盛放的花朵。百合的喇叭形状仿佛在吹奏音乐一样。野百合的芳香最盛，特别是夜里心情沉静的时候，香气随着音乐在屋里流淌。

山里的花，我最喜欢的就是百合了。从前家住山上，有四种花是遍地蔓生的，除了百合，还有野姜花、月桃花、牵牛花。野姜花的香气太艳，月桃花没有香气，牵牛花则朝开暮谢，过于软弱，只有百合是色香俱足，而且在大风的野地里也不会被摧折，花期又长。

从前的乡下人不时兴插花，因为光是吃饱都艰难，谁会想到插一瓶花呢？但不插花不表示不爱花，每当野花盛开的时节，我们时常跑到山坡上去寻找野花的踪迹。有些山坡开满了百合花，我们就会躺在百合花的白与白之间，山风使整个田园都有着清凉的香气，感觉我们的心也像百合一般白了，并用白喇叭吹奏着高扬的音乐。然后想到“山上的百合也不纺纱，也不织布，但所罗门王皇冠上的宝石也比不上它”的句子，我们就不禁有陶醉之感了。

近年来，野百合好像也很少了，可能是山坡地被开发的缘故。只有几次到东部去，我在东澳、南澳、兰屿见到野百合遍地开的情景。自从流行插花，百合花就可以卖钱。野生的百合在未开之前便被齐根剪断，带到市场来卖。

瓶插在屋里的野百合花，虽然也像在坡地一样美、一样香，感受却大有不同了。屋里的百合再怎么美，也没有野地风中那样的昂扬，失去了那种生机盎然的姿势，好像……好像开得没有那么“阿莎力”了。

进口种植的百合花有各种颜色，黄的、红的、橙的，香气甚至比野生的更胜。但可能是童年印象的缘故，我总觉得百合花都应该是白

我把百合插在花瓶里，

晚上的时候，

一个人静静地看那纯白的盛放的花朵。

百合的喇叭形状仿佛在吹奏音乐一样。

色的，花形则最好是瘦瘦的、长长的。可是那土生土长的、有灵性之白的百合，恐怕得要到另外半山的悬崖峭壁去看了。

今年的野百合花期已过，剩下的都是温室种植的百合了，这样一想，眼前这一盆百合使我生起一种深切的感怀。它是在预告一个春天的结束，用它的白来告白，用它的香来宣示，用它的形状来吹奏，我们在山坡地那无忧的生活也随百合的记忆流得远了。

夜里，坐在百合花前。香气弥漫，在屋里随风流转。想到半山的百合花都在我的屋子里，虽然开心，内心里还是有一种幽微的疼惜。

呀，不管怎么样，野百合还是开在山里好，野百合还是开在山里的好呀!

水晶石的前世今生

我的书案上有一盘白色的水晶石，已经伴我超过三十年了。

这水晶石是孟东篱在花莲送给我的，是他很长时间在盐寮海边捡拾的。

他说，在花莲的大山里有水晶矿，不知什么原因崩裂，被冲到了大海，经过海浪几万年的冲刷，成为一粒粒浑圆的水晶石。

“以前的花莲海岸有很多水晶石，后来被日本人发现了，拿来作为禅式庭院的白石，一公斤以一千元的天价收购，花莲人拼命捡拾，现在已经绝迹了。我在海岸散步，要两三天才能捡到一粒。”

他从茅屋的角落，拿出一袋水晶石，说：“痖弦、信疆都不爱这种小玩意儿，就送给你吧！”

虽然只是海边捡来的小石头，从我的手上却传来一阵温热，这是我收过的最棒的礼物。

我会去花莲看孟东篱，是因缘巧合。当时，孟东篱迁居到盐寮，在台湾《中国时报》《联合报》写他住在海边的手札，题为《滨海茅屋札记》。他的文章朴素深刻，引起热烈的回响。

那时，我在台湾《中国时报·人间副刊》工作，坐在主编高信疆的对面。有一天，他正在审阅孟东篱寄来的一篇稿子，突然抬头问我："过两天我要去花莲看孟东篱，你也一起去！"

隔了两天，我们相约在台北火车站集合，同行的还有痖弦，我大吃一惊。因为，当时台湾《联合报》和台湾《中国时报》是竞争对手，两大主编却相约去花莲看作家，这未免也太玄了。

后来，我才知道痖弦和信疆是河南同乡，信疆还受过痖弦的提拔，两人私下是极相知的朋友，编副刊时才是争得你死我活的对手。两人的关系就像拳击台上的冠亚军争霸，下了台，握手、拥抱、喝酒，无话不谈。

在前往花莲的火车上，两位大主编谈起了我们要去探访的孟东篱。他们早与老孟相识，老孟在江湖上也流传着不少佳话。

孟东篱原名孟祥森，早年是台大哲学系的才子，中英文俱佳，在大学时代就为"新潮文库"翻译过不少哲学书。哲学系研究生毕业后就在台大教书，因为政治因素而离开了台大。

后来到女子中学教语文，和女学生谈恋爱，受到许多批评和非议。他与原来的妻子离婚，带着女学生隐居到花莲盐寮，先在海边造房，又在山上种菜，度过了一段艰苦的生活。

为了养活妻儿，他又重拾译笔，也开始写文章投稿。他向往陶渊明的生活，改名为孟东篱。

信疆说："孟东篱比陶渊明当时的环境好，陶渊明是归田园居，孟东篱的家前有大海，后有大山。"

痖弦说："陶渊明是不为五斗米折腰而隐居，老孟却是为爱情折腰而隐居，一个是被动的，一个是主动的，老孟更浪漫一些。像老孟这么潇洒的美男子，到哪里都会有美女跟随，却深情地到花莲隐居，真令人想象不到！”

接着，信疆和痖弦都认定孟东篱是少见的美男子。我看看痖弦，再看看信疆，这两人都是公认的美男子，他们口中的“美男子老孟”又是什么样子呢？

当我见到老孟时，一切都豁然了。

高大俊挺的孟东篱站在我面前，我仿佛看到剃了须的关公。他被东部的阳光晒得红通通的，却掩不住他俊朗的五官，口鼻耳目一笔一画，清清楚楚。

他像是一册刚晒过阳光的精装书，在粗重的农活下也难以掩盖书香气质；他穿着棉质的白坯布衣裳，衣角飘飘，望之不似今人。如果任想象驰骋，或者，陶渊明就是长这样子，穿那样子……

“美男子就该这样：阳光热烈，饱读诗书，线条利落，气质优雅，朴实无华……可惜我们受到电影的影响，总误以为那些脂粉味重、娘娘腔的是美男子！”我心里想着。

孟东篱热情地带领我们看他的“滨海茅屋”。第一幢主屋是刚来盐寮时盖的，当时还不会盖房子，盖了拆，拆了盖，好不容易才完成；第二幢母亲房，是觉得空间不够用，为太太盖的。我们在母亲房遇到了孟太太，是位清丽秀美的少妇，穿着棉质的白坯布衣裳，使我想到了“乱头粗服，不掩国色”的句子。可以让才气纵横的美男子折腰的女子，使痖弦、信疆和我都生起了敬意；第三幢房子是为第一个孩子大牛盖的；第四幢是为第二个孩子小牛盖的。

几幢房子的格局都很简单，梁木撑起，上覆稻草。那房屋仿佛独出于时空之外，背景可以是秦汉，也可以是唐宋，给人一种永恒之感。

屋角各处是主人散步时捡来的石头和漂流木，简单的木石，各有奇趣、美感，可以看到主人的品位。

在茅屋里也没有什么“盛情款待”的菜肴，我们一人吃了一碗面食，里面就有满满的盛情。

夜里，我们坐在茅屋前的大漂流木上，一边听“淘大海米”，一边“侃大山”。

“淘大海米”是老孟发明的，他说夜里的海浪冲刷岸边卵石，就像大海在淘洗大米，声调优美、令人迷醉；“侃大山”是地方方言，是好友聊天像把大山砍平，没完没了。

我们谈文学，谈人生，谈山水，谈爱与生的苦恼，背后是无边无际的中央山脉，眼前是无涯无岸的太平洋，仰起头来，是无远无近的满空的星辰。

回到现实，在我面前的是当今文坛三个大才子、美男子，他们连声音和语调都是那么动人好听。我渴望永远记录这一刻的美好，让它与星辰山水互相辉映！

我们聊到半夜，怎么离开的，我也忘了。

好像是老孟找来附近一位朋友，载我们回花莲市区。

后来，我们成为朋友。

又后来，孟东篱搬离花莲，来到台北，他在阳明山平等里租了一幢房子，那简单的农舍被他的巧手弄得处处惊奇。

厉行环保的孟东篱说：“台北唯一比花莲好的是什么都捡得到。”

他的镜子、书桌、花盆都是路上捡来的，随手一放就有独特的美感。

我想起他在花莲海边捡石头的身影，不禁感到一丝悲凉。

住在台北，他一天一百元就能过活，一天两餐各下一把面，放几片菜叶，撒一些油盐，这让我想起了颜回。

听说他太太带着孩子离开他，我也不敢多问。我只知道，他的身边从来不缺乏红粉知己。

从阳明山平等里到市区，一定会路过我家，他喜欢步行，常常走两三个小时到市区，布衣、布裤、凉鞋，飘飘如仙。路过我家时，偶尔进来坐坐，大叫肚子饿，我们就坐在阳台上吃烤馒头，配法国波尔多的白酒，大呼过瘾。他解开已湿透的上衣，就像是东床袒腹的王羲之。

有一段时间，我受到别有用心的人的攻击，他来看我，用充满哲学的口吻说：“这世界上有两种人：一种是被嫉妒的人，一种是嫉妒的人。通常是被嫉妒的人比较幸福呀！”

与三十年前相比，孟东篱到晚年都是美男子，满头白发，满面风尘，更增风采；他的思想也更为透彻美好，他的《人间素美》《爱生哲学》都是了不起的作品；他的一生都像他的哲学，为追求更高更美的境界而存在。可惜他不在意写作，作品时断时续，否则必然会创造更多美的惊叹！

孟东篱的过世，令人措手不及。他一生致力环保，生活规律而俭朴，身体一直都很健壮，从罹病到过世，只有几个月的时间。有时独坐在曾与他对饮的阳台，心绪不禁戚戚，感觉到生之悲欢移形换影。昔人不在，哲思已渺。

我捧起他送给我的水晶石赏玩，想到这在大山里的巨石，被岁月淘洗，被海浪冲刷，一颗颗磨去了棱角，变为光滑晶亮。

人生不也是这样吗？在多生累世的投胎与转生之间，在无间断的轮回流浪之间，我们多棱角的灵魂，一再一再地被磨炼，希望成为一颗一颗晶圆的小石。

成为一颗水晶石又如何呢？

老孟与我都喜欢禅宗。有一次谈到赵州禅师，赵州禅师最了不起的是他的平常，当人人都想去极乐世界的时候，他说："我要去做山下的那头老牯牛。"当人人都希望随着供佛的香上升，他说："我只愿做那香炉。"

孟东篱也像超群的老赵州，他有深邃的思想，却愿意平凡；他有敏锐的哲思，却大智若愚。以他的才学，他尽可以去完成一些伟大的事，却近于无求……他踽踽独行在这混浊的人间，就像道不行而浮于海的修行者。

他的来，他的去，好像无事，只残留一丝叹息。

我只希望他译写的那些美好思想，能更长久地留在人间。

让世俗的人都去超凡入圣吧！

像是花莲的大理石花瓶和印章，或是美丽的饰品。

只有少数的人能超圣入凡。

像是海岸边的小小水晶石，似是平凡无奇，实是晶莹剔透。

唯慧眼者，能见之。

唯会心者，能识之。

看着老孟的背影，那挺拔的背影化去，也如愈愈稀有的水晶石。

日光五书

红叶的消息

秋天，日本许许多多地方都插了塑胶做的红叶，那些红叶做得像一把竹子的叶片，是四散分叉好像刚爆开的烟火，颜色有红有黄有浓有淡，通常夹着两片绿色，叶片则有三瓣五瓣以及一些不规则的样子。

虽是塑胶制品，在阳光下同样鲜艳地燃烧，却如有生命一般。到了夜晚，灯火一映，也自有秋夜的凄清。有的地方挂得特别多，尤其接近盛放枫红的地区更盛，像东京浅草的仲见世购物中心，几万把红叶同时挂在屋檐下，夜里的牡丹灯笼一照，让人觉得整个世界已被红叶掩埋。像原宿明治神宫前的大道，两侧古木参天，路中灯笼成排，“枫标”则在灯笼与古木间摇曳，极为雄浑壮观，使太阳族聚集的原宿也有了古典的气息。

塑胶红叶再好总是不及真正的红叶，它只是带来了红叶的消息。顺着这些在秋风里飘扬的一点红影，可以找到远处山中正在大片渲染的红叶。

我们后来决定上日光看红叶，多少受到那些指标的影响，一个住在日本的朋友说："要看红叶就要马上启程，因为红叶的生命是很短暂的，红叶和彩虹一样，红到最美只是瞬间的事。就说日光好了，最美的日光红叶只有一星期。那最美的一星期就是这个星期，上个星期红叶还没有完全转红，下个星期红叶就开始凋落，要去日光就要即刻出发了。"我们很庆幸，正好赶上红叶最盛的秋日，第二天便往日光出发，在山腰上的鬼怒川宿了一夜。

第二天上山时，车子盘旋着绕山而上，山腰以下还是一片绿意，只是绿中有一些等不及的枫树已经转成淡淡的红色，树底下的箭竹还繁茂得不知道冬天将临。车子缓缓前进，我慢慢也发现，一山的颜色随着我们的车子，逐渐地，绿意在减少，红的黄的穿插着跑了出来，从一叶一叶到一株一株，到一片一片，整座山逐渐被秋天的魔手染成了红色。到最后仿佛感觉车子正在开进红叶的洪流里，红色的枫叶在每一处转弯的地方有如猛扑而来的潮水，一波又一波，连绵不断。

车子沿着山壁行驶，愈驶愈高，愈能看见整座山谷。那山谷陡峭而有纵深，一探头，一座山谷就像泼翻了的调色盘，眼睛所能想象的颜色大致都有了。尤其是绿、黄、红、白、黑之间有极其细腻的层次：白的是白桦林的树干，真白到如雪一般；黑的是不知名的杉树之属，黑到如刚焖好的木炭。红、黄、绿随高度转变，所以一圈圈的，好像在水彩纸上先抹满了水再涂上颜色一样，互相牵引、牵制、牵绊，乃至于互相纠缠、缠绵、缠绕着……

来到标高一千五百米的汤湖时，红叶开始像台风天前夕的黄昏，红云万叠，密密地盖住整个山丘。那时才真正领略到枫叶的美，领略到大自然的红色竟然可以红到那样，深浓剔透，阳光一照射，则反映出水晶的光泽。

在秋天，光是一种红就如此多姿，以前唯有在梦里见过。但是再往上走，透明的艳红又转成黑褐色，逐渐地凋落了，最后仅剩下孤零零的荒枝等待冬风的消息。

日光的山顶上已经开始下雪了。

风　花

日光的山顶上已经开始下雪了。

那雪不是普通的雪，几乎是无以辨认的。把双手摊开，雪并不着身，虽然明明落在掌上，并且也感到那一丁点的凉，但也就在落掌的那一刹那，雪像空气一样化去了。

不仅是掌上如此，雪在任何地方都不着痕迹，落在车上随落随化，在树上、地上也是随落随化，一点找不到落痕。在衣服上总有白的颜色吧？没有！沾在衣服上会濡湿吧？也没有！

站在山上，看满天随着极轻微不可辨认的风轻飘的雪，是一片白，并且那样的真实。是可见的、可感觉的、可辨识的，但却完全不能捕捉。它在风中写自己的诗歌，而且只写给风听。它不是为可具的形象来写诗的，所以，人不能掌握，树不能留住，甚至连那无边的大地，它也毫不留恋，仿佛只在空气中诞生，在空气中逝去。它可能也不是天上来的。它不是直直下落之雪，而是冬天的第一批来和红叶告别的白色精灵。

远处还有着阳光，近处还有着红树，那极细极细的雪在这玄奥的山上，格外有一种空茫与飘忽的气息，让我觉得这样的好天，这样好的红叶只是人生里极为偶然的相见。

我和陪我们来日光的日本朋友笔谈：“常常在电影里看到日本细雪的景色，显得那样纯净、那样美，现在眼前的这些就是细雪了吗？真是美得让人觉得人生真是幸福呀！”日本人是很爱用“幸福”来形容内心的感动的。朋友写道：“在日本，这不叫‘细雪’，这叫作‘风花’。”

呀！风花！多么奇异而美的名字。

他继续说：“因为它是开在风里的，它不开在树上，也不开在地上，只在风里面开放，在风里凋谢。你看那满山满谷，不像是芦花吗？只是没有芦秆罢了！”

“芦花没有风花这么美、这么细密，也没有这么温柔。”

然后我们就谈起了这些只开在风中的花，他告诉我，要看风花也是一种运气，通常在日本，第一场雪还没有下之前，会下一两场风花，只有这一两场风花，接下来就是细雪了。

“细雪也美，只是不像风花，让人真正感觉到秋天逝去的忧伤呢！”日本友人本间弘美在纸上写着，然后抬头望着身前的风花，眼神飞得很远很远，几乎也像风花那样渺茫而令人迷惑。那一刻，我真的忘记他是一个艺术经纪人，觉得他是文学家了。

由于风花的有色无相、有相无形、有形无声，让我想不起什么可以形容的话。只能感觉到，在晴和的蓝天衬映下，大地竟也有无数流动的星星。

比较起枫树的红来，枫红是把一生最后最艳红的血吐尽，在极短暂的时间怒放，所以情侣常喜欢把自己的血写在虽落犹红的枫叶上，来证明自己的爱。而风花呢？风花是情侣间无言的对视，它不必用痕迹来证明自我的存在，只是洒在空气中的一把情绪、一把眷恋或一把忧思。当情侣互相逃避对方眼神的时候，它就在风里散失了，永远不能证明曾经存在过。

因此，让我们看风花时就注视它的消失吧！只感动当时当刻的幸福！

素民烧

我们为枫红和风花而动容之后，沿着山中瀑布的阶梯往下行去，在极远处听到那一条命名为“龙瀑布”的震耳吼声。走近一看，这瀑布竟是日本庭园式的细致，不像想象中的壮伟，只是穿越了许多高低不平的巨石地形，有时甚至从树之枝丫间穿过，所以发出了巨大的响声。

因此常有这样的情形：听到响声大为震慑，穿越小路到瀑布时却大为扫兴，耳朵与眼睛都要为此啾咕一场。

幸好在瀑布口有一个卖烧香鱼的小摊，烧法非常少见。有一个用石头砌成的大灶，约有人的半身高，长一米，宽两米，里面密密麻麻地倒插着香鱼，一次可以烧一百多条。

站在一旁看，小贩左手从缸中捞出一条活的香鱼，右手就用削尖的竹签自尾向头贯穿了香鱼，随即插入灶中。由于竹签比香鱼长约五寸，插入之后，整条香鱼在火焰之上，一分多钟，香鱼烧成金黄色。

因为鱼身先抹了盐，增加了味道的鲜美。上百条香鱼在灶上烧，其香惊人，数十米外皆可闻到。

至于那鱼的滋味就甚难形容了。我和一群日本人围着那个大灶，很少有人吃了一条就站起来。我一口气吃了五条，不只是香鱼鲜嫩的滋味，还有那样烧香鱼的方法实在是令人喜爱。

日本朋友告诉我，这种吃香鱼的方法叫作“素民烧”，意即一般老百姓日常吃香鱼的做法，同时也是最好吃的方法，因为从捞起香鱼到烧烤完成，可以说是一瞬之间，而且火虽强旺，却不会把鱼的外表烧黑。

我非常喜欢“素民烧”这个名字，好像使人抛弃了一切，还原到人最亲切的那一面，就是那样随意的一口土灶，便烧出了天下最好的美味。

日光山上的湖中养了数以千万计的香鱼，因为这里风水纯净，山光优美，完全没有人为污染，所以日光所产的香鱼是日本最著名的。香鱼是最自我珍惜的鱼，听说愈是风景好，愈是水纯净的地方，香鱼就愈好吃。水一旦稍受污染，香鱼就自绝而死了。这种属性使得香鱼捞起来就能吃，不必开膛破肚。

日本友人告诉我，吃香鱼可以测知水受污染的程度。受污染越严重的水质养出来的香鱼，鱼肚子越有浓厚的苦味；要是水质干净，那苦味是极清淡接近于无，细细品尝，舌尖上就能感觉到那微细的苦，而品尝香鱼腹中的苦是吃香鱼极大的乐趣。这真是惊人的论说，却让人更体会了香鱼的神奇。香鱼无言，却用它的肚腹表示了对环境的抗议，苦到极处它就不愿生存了。

这使我想起新店溪上的香鱼，过去的新店溪曾布满香鱼，如今早就绝种。日本人曾经与我们合作在新店溪上游放生几百万条香鱼，可惜大部分仍然死去了，我想那极少数存活的香鱼，一定也是苦得难以下口吧！

我们有许多可爱的“素民”，也有许多赖以存活的河流。我们过去曾有无以数计的香鱼，但如果环境这样坏下去，我们就永远吃不到香鱼，更不要说是“素民烧”了。

逍遥园

我感到一种莫名的忧伤，当我走进日本的寺庙时。不像日本人对待香鱼，因为一般的日本寺庙已经完全受到金钱的污染了。

虽然寺庙不收门票，也不主动向人要钱，但我们可以看到钱在四周流动，使原本纯净朴素的寺庙，有时候像个卖菜的市场。

从寺庙的入口开始，就有和尚或穿古服的少女，向人推销那些所谓的纪念品，包括书本、明信片，以及保佑发财、平安、婚姻、学业、工作、生子等种类繁多的“香火”。进入寺庙以后，每隔一个大门就有左右两摊卖纪念品的铺子，香客围着购买，使寺庙之美毁败无余。

最妙的是，寺庙里也出售“灵签”，要抽签的人不必拜神问神，只要花一百元买一支签，因此中签往往牛头不对马嘴。但日本有一种奇风异俗，不喜欢的签可以结在寺庙的树上送还给神——怪不得日本一般寺庙都是结签满满的树。

日光山上有几座十分不凡的寺庙建筑，像列为国宝的东照宫、轮王寺，列为重要文化财产的中禅寺、二荒山神社、二荒山中宫祠，都由于到处贩售东西而俗气不少。

我们到中禅寺是为了看一尊胜道上人雕刻的古老“立木观音像”。先排队买票，再排半天队才进入寺里，可却不能仔细欣赏这座立木观音，因为和尚在观音面前出售观音的禅杖纪念品。灯光幽暗，有些观光客买完以后也没有时间看观音了，下一批游客马上要进来，出门一看才知道那买到的禅杖是铝外镀了一层粗劣的金，真是扫兴。

在二荒山中宫祠，则由寺庙售卖一种酸奶，听说喝了以后可以生儿子。许多日本人排了半天队，才能喝到一碗酸奶，看了十分可笑。这菩萨如果有灵，恐怕不至于请人喝了酸奶才肯赐给他儿子吧！而且在那样幽静的庭园里，每棵树和每块石头都是细心铺排，排队的人在上面嘈杂，真是煞风景。

说日本的寺庙完全被商业盘踞实不为过，日本人什么都要拿来卖钱的，何况是菩萨呢！和尚轮班卖纪念品，恐怕也是世所仅见的了。

但走到庙旁的庭园时，就体会到传统日式庙宇的幽静。日光山上的“庙园”以东照宫的最好，有松梅幽篁，枫槭之属，池水弯曲有致，步阶相间回旋，一景一物，全清晰地映照在清可见底的池水上，美丽无匹的锦鲤则姗姗游过池上倒影，池中颜色变化更是繁复。

要说中国园林与日本园林有何不同，那便是日本的更小了一号，他们甚至可以把看起来如千年古木的树种在一尺见方的盆中，而园中就连一株草也都有它应有的位置，石头的安排也不多出一分一寸，看起来虽然格局偏小，但是想到日本当今追求“轻、薄、短、小”的精密工业形态，和他们的生活哲学实有牵连。看这园林，不正如一架超薄型录影机里组件一样的安排吗？没有一点零乱，甚至连树叶落下也自成一个范围，互不干扰。

这个花园的名字叫“逍遥园”，在东照宫的门口右侧。奇怪的是，在东照宫里，满坑满谷如蚂蚁窝的人潮，而在逍遥园里却没有游客，形成十分强烈的对比。在这个世界上喜欢沉静逍遥的人愈来愈少，而大部分人赶千里路来，只是为了上山向和尚买纪念品。这时候我不禁想道：一座寺庙和一棵红树，到底哪一个才有永恒的价值，哪一种对人心更有益呢？有时候，寺庙中的暮鼓晨钟听起来还不及一声飞鸣而过的鸟声吧！

夜宿鬼怒川

我们住在鬼怒川的那天夜里，清晨第一道阳光射进纸糊的窗门时，窗外的鸟声哗然升起。推窗竟不见鸟影，唯天际几只巨鹰在松林顶上盘旋，黑色的身影在绿色的林上、金色的阳光里滑翔。

料想那短而清脆的声音绝不是来自老鹰，而是林间深处一种不知名的鸟，也许鹰也在找那声音的来源。只是那一刻看起来，来回绕圈的老鹰犹如指挥棒，而林中的乐师是随棒而鸣唱。

林中那一条溪水，就叫“鬼怒川”，溪水不大也不深，却因穿过两旁的峭壁，声音巨大恢宏，隐隐还有回声，不绝如缕。尤其到了夜里，一切已归寂然，只留下这一条溪水的声音，更比白日里大了十倍，如战车轰轰然驶过。旅店窗口正好面对着鬼怒川，在深沉的静夜，真觉得有地动山摇之势。

夜间无法入眠，披衣沿溪而下，到中游，才见到川上有一座老式的吊桥，桥高有十几丈，桥上铺了由两岸飘来的稀疏的落叶，步行桥上，摇晃有声。我站在吊桥中间倾听了这条小川所带动的声音，才知道为什么这川的名字叫“鬼怒川”，如果不是鬼怒，那样宽不及五尺的溪水何以能在秋夜里发出震人的巨吼呢？若说这溪水有什么美，还不如说溪的名字非常的动人。

鬼而有怒，怒而纳声于川，且在夜里发声而吼，也算是大自然的天籁之一。更奇的是，这鬼怒之川不是冷水，而是温泉，从地底冒出来的热度约六七十摄氏度，因而烟雾弥漫，把整个溪水的声音蒙住，而下游之处水温已退，有的地方甚至波平如镜。

在这个地区，所有的房屋全依川而筑，温泉没有硫黄味，水清如瓶，早就是著名的温泉区了。只是一般上日光看红叶的路客匆匆，极少有在鬼怒川投宿的。夜里比邻的街店便没有一家开张，最后找到一家卖荞麦拉面的店，由于店中的温暖，才猛然觉得外面的鬼怒川是最后的秋季了。它有一种透骨的寒冷，只是刚刚为鬼怒之声所迷，不觉得那种寒冷罢了。

问起卖面的妇人：“怎么鬼怒川的枫树还没有开始红呢？是不是因为地气热的关系？”

“不是的，一条川的地气哪里挡得住整山的风寒？是因为还没有轮到这里红呢！春天的时候，樱花是往上红的；秋天的时候，红叶是往下红的，这鬼怒川正好在中途，是在春最暖时樱花开，在秋最盛时红叶红，每年都是这样子的，再过一个星期，红叶就像排着队往山下走去了。”

在妇人的口中，樱花和红树不是一棵一棵，而是整山有了生命，像是游牧的种族，春日晴和时爬上山去赶集，而秋天到时则散向有水草的居处。听说这鬼怒之川，在秋冬时呐喊得最厉害，好像在为红叶最后的一程鼓着哗哗的掌声。

掌声在四野散去。

让人觉得，鬼也是大地的精灵之一。

红叶也是大地的精灵之一，赶着上山的人也是大地的精灵之一，香鱼是，风花更是。

好吧，让我来说说鬼怒川的声音：如果山顶的红叶往山下走时，你听到红叶猛然变色的声音，那正是鬼怒川的颜色。

鬼怒川的呐喊，也是秋天的时候，红叶的消息。

锦鲤的价值观

有一次，我经过一间鱼店，鱼店的门口摆着两缸锦鲤，其中一缸每条标价五元钱，另一缸的每条却要六十元钱。我站在旁边看了半天，想要研究它们的价钱到底差在哪里，可是看了半天却看不出个所以然，于是我便问店老板，他说："六十元钱的这缸鱼比较漂亮。"我问他要如何分辨，他说要分辨锦鲤漂不漂亮，有几个方法：第一，它的颜色愈光滑、愈纯净愈好。第二，如果它的颜色是混杂的，那么要混得很柔和、明确、和谐。第三，它的身体比例要很适当。而那些五元钱的鱼生下来比例就不对，或者尾巴太大，或者眼睛太凸出。

我告诉老板，五元钱的看起来并不输给六十元钱的，并问他到底如何决定这些鱼的身价。他说，完全靠他的经验来判断，如果有条鱼的头上正好长着一个梅花形的印记，那么价钱就更贵了。可以说，这些锦鲤一生下来，就被决定了价钱和命运。

那时，我还没有学佛，于是便请老板随便捞了几条五元钱的锦鲤，带回家去养。结果，我发现我养的那些锦鲤都很特别，有一只的眼睛一边黑一边白，还有一只前半身是黑的，后半身是红的，有的尾巴长得比身体还大，每一只都是奇形怪状。那时，我有一个朋友很喜欢养锦鲤，不过他买的都是几百元一条的。有天晚上，他到我家，看到我养的那一缸鱼，大为吃惊，大叫着：“这么漂亮的锦鲤到底从哪里弄来的？”我问他是不是真的认为这些鱼很漂亮，他肯定地说：“我养了好几年的鱼，从来没有看过这么漂亮的锦鲤。”于是我便唬他说，自从后现代主义流行之后，现在欣赏锦鲤的方法已经改变了，要判断锦鲤是否漂亮：首先，要看它的颜色是否很特别；其次，它的结构是否特殊，就像变体邮票一定比普通邮票贵的道理一样。结果，他似乎恍然大悟，到了深夜仍然不肯离去，一直坐在我的鱼缸前面，末了，忍不住迸出一句话说：“林清玄，你这些锦鲤可不可以让给我？”我问他要出多少钱，他要我开价钱，于是我便以每条一百元钱卖给他。他高兴地将我全部的锦鲤都买回家，而且每次碰到朋友，就说现在欣赏锦鲤的方法已经改变了。

这件事情让我悟及人活在这个世界上，并没有一个固定的价值判断，价值的判断通常只是由习惯经验所累积下来。每个人都认为中国小姐身高要一百七十厘米以上才漂亮，所以只有一百六十厘米高的人去参选中国小姐就令人觉得很自卑。

当价值观全部操控在别人的手上，生活就会变得很悲哀。我们是不是能有自己的价值观、是不是能决定自己的价值，这一点非常重要。这段时间，我开始反省一些人生的问题，尤其是“宿命”这个问题令我觉得人生难以解脱，譬如我们生下来长什么样子、有什么样的家庭背景或兄弟姐妹，都早就注定了。那么，解脱“宿命”的道路在哪里呢？于是我开始寻找这条道路，并对神秘学产生浓厚的兴趣，研

当价值观全部操控在别人的手上，

生活就会变得很悲哀。

我们是不是能有自己的价值观、

是不是能决定自己的价值，

这一点非常重要。

究起算命、紫微斗数、奇门遁甲等，也认识许多通灵人，希望能找到脱开人生宿命的道路，自己可以成为命运的主人。不过，悲哀的是，我却发现人无法自己做主，即使自称通灵者，也无法解决宿命的问题。

譬如有一位女性通灵人，有一天打电话给我说：“林清玄，我的丈夫跑掉了，我该怎么办？”我听了愣住了，告诉她：“你不是通灵吗？派你的灵去把他抓回来啊。”还有一个通灵人，每天写六千多字的文章，因为他的灵告诉他，只要持之以恒，有一天他可以得到诺贝尔文学奖。我对他说：“这个世界上也有神灵做不到的事呀！”有一次，我问一个通灵人关于我家乡高雄的事情，结果他说他的灵只能到达台南，到了高雄就越不过界了。所以，即使是自认通灵者，也是有限制的。

在那段时间，我几乎逢庙就拜。有一次在屏东，我和几个朋友到庙里去抽签，我大声说：“抽签都是不准的，没什么用！”等他们抽完后，我也去抽，结果签诗的第一句是：“神明之前莫戏言。”我看了吓了一跳，赶紧虔诚地再抽一支。这一次抽到的是下下签，当时我非常生气，走出庙后，便将签诗丢到香炉去。心想我为什么会抽到下下签，是不是因为我抱着游戏的心情？我也思及在人生路上，有时候我们会碰到悲惨的遭遇，这种感觉就像抽到下下签一样，万万没想到这种悲哀的事会落到我们身上。想来，人生每天要抽到一张中等签，似乎很困难，这种困难使我感到很大的挫折感。

一　味

乌铁茶

一位朋友独自跑到木栅的观光茶区去经营茶园，取名为“乌铁茶区”。据说，他是接下了一个患病农民的茶园，原因是很想做出一些自己喜欢的茶，让自己喝了欢喜，朋友喝了也欢喜。

“你喜欢的茶是什么呢？”

“中国的两大名茶，一是乌龙，一是铁观音。乌龙清香，铁观音喉韵好，这两种茶是完全不同的。我在少年时代就常想，有没有可能使两味变成一味呢？就是把乌龙和铁观音的优点融合，消除它们的缺点，所以我把自己的茶园取名为‘乌铁茶园’。”

“使两味合成一味”可能只是朋友的理想，但他在实验的过程中，却创造了许多滋味甚美的茶。也由于有一个渴盼创造的心灵，他理想的茶虽未出现，但他对于人生、对于茶已经有了全新的体验。

他说：“当我心中有使乌龙与铁观音合一的愿望时，事实上那种茶已经完成了，虽然还没有做出来，但总有一天会做出来。”

我走在朋友种的井然有序的茶园里，看到洁白的小茶花，不禁想起禅师所说的“家舍即在途中”——当一个人往理想、愿望迈进的时候，每一步历程其实都与目标无异，离开历程，目标也就不存在了。

问题是，历程的体验与目标的抵达虽是一味，却由于人自心的纷扰，它就成为百味杂陈了。

一味，不是生活里的柴米油盐，而是内心的会意。

一味，不是寻找一种优雅的生活，而是在散乱中自有坚持；在夏日，有凉爽的心；在冬天，有温暖的怀抱。

生命里的任何事都没有特别的意义，在平凡中找到真实的人，就会发现每一段每一刻都有尊贵的意义。

雀舌鹰爪

经营茶园的朋友嫌现在的茶做得太粗，于是用手工采茶，用手工制茶，做出一种最好的茶，取名为“莲心茶”。

莲心茶只取茶最嫩的茶芽制成，一芽带两叶，卷曲有如莲子的心。

以茶芽制茶古已有之，《梦溪笔谈》说：“茶芽，古人谓之‘雀舌’‘麦颗’，言其至嫩也。”《宣和北苑贡茶录》说：“凡茶芽数品，最上曰小芽，如雀舌鹰爪，以其劲直纤锐，故号芽茶；次曰中芽，乃一芽带一叶者，号一枪一旗；次曰紫芽，乃一芽带两叶者，号一枪两旗；其带三叶四叶者，皆渐老矣！”

莲心茶必须在春天气候晴和的早上去采，这时茶树吸收了昨夜的雾气，茶芽初发，一芽一芽地采下来。

一味，

不是寻找一种优雅的生活，

而是在散乱中自有坚持；

在夏日，有凉爽的心；

在冬天，有温暖的怀抱。

朋友说，现在的农夫觉得这样采茶芽太费工夫了，不符合成本效益，使得雀舌鹰爪徒留其名，早已成为传说了。

“但是，最好的总要有人去做，纵使被看成傻子也是值得的。”朋友说。

是的，好的总是要有人做，我为朋友那种真挚求好的态度感动了。

他每年只做几斤莲心茶，只卖给善饮茶的人，每人限购二两，他说：“最好的茶只给会喝的人，但是不能太多，太多就不会珍惜了。”

法也是一样吧！这个世间有许许多多的法，法味都不错，但最好的总要有人去做，即使被看成傻子也是值得的。

体会茶的心

不过，做茶也不能一厢情愿，而要体会茶的心。

朋友有一种很好的茶，叫“月光茶”，是在春天的夜间，用探照灯照着采的。他打着探照灯在夜间采茶，会被茶山的人看成疯子。

他说：“有一天，天气很热，我自己泡一壶茶喝，觉得茶里面还带着暑气。我心里想，如果在有露水的夜里采茶，茶在夜露的浸润下，茶树的心情一定很好，也就没有暑气了。”

想到就做，竟让他做出像“月光茶”这样的茶来，喝的时候仿佛看见月光下吐露着清凉的茶园，心胸为之一畅。想到“冻顶乌龙”之所以比“乌龙”好，那是因为终年生于云雾风霜的极冻之顶，好像能令人体会茶里那冰雪的心。

我们与茶互相体会，与人间的因缘也要互相体会。作为佛教徒的人时常会觉得高人一等，自以为是众生的母亲，但是反过来想，我们已经在轮回中受生无数次，一切众生必都会是我们的母亲。这些在过去世中无数无量曾呵护、照顾、体贴、关爱过我们的母亲呀，如今就在我的四周。

一切的众生为了生活，得不停忙碌地工作；一切的众生为了呵护子女，要累积财富，以致他们没有时间全力修持佛法。但，不能修持佛法的母亲还是我最亲爱的母亲呀！我愿她们都拥有最美好的事物，也愿她们一切幸福。

如是思维，心遂有了月光的温柔与清凉。

不可轻轻估量

朋友来看我，知道我喜欢喝茶，都会带茶来送我，因此我喝到了许多未曾想过的茶。像桂花茶、紫罗兰茶、菩提叶茶都还是普通的，还有人送我决明子茶、芭乐叶心茶、荔枝红、柚子茶等各种奇怪的加味茶。

今天，一位朋友带来一罐人参乌龙茶，听说是由乌龙茶王加美国人参制造的，非常昂贵。我说："如果是很好的乌龙，就不会做成人参乌龙茶；如果是最好的人参，也不必做成人参乌龙茶。所以，所谓人参乌龙茶，应该都是次级的人参与次等的乌龙制造的。"

朋友听了哈哈大笑。

我说，这是实情，因为最好的茶不必加味，凡是加味者，都不是用最好的茶去做的。

朋友是来告诉我，某地又出现了一位新的禅师，某地又出现了一位新教主，某地又有一位高人宣称证得大圆满境界，以神通经验来号召，信徒趋之若鹜。

他问我："你看这是真的还是假的？"

我说："你管他是真是假，我们只要照管自己的心就好了。"

他又问："为什么台湾近年来每年都会出现这样的人呢？"

我说："你觉得呢？"

"我觉得是社会竞争太厉害了。有一些人循正常的管道奋斗，不可能成功；最快成功的方法是自称教主、祖师，或证得某种境界，因为这既有名有利，也不需要时间和本钱，只要会演戏就好了，而且群众也无法去检验。就像我要和人做生意，总会先调查他的信用，过去的经验有迹可循，可是这社会上自称有成就的人往往是无迹可寻的。你认为我的看法怎样？"

"很好！"我说，"我还是觉得最好的茶是不用加味的，最好的法也是一样，对待加了许多味的法，与对待加了许多味的茶一样，要谨慎，不可轻轻估量！"

然后我们泡了一壶人参乌龙茶喝，不出所料，不是最好的乌龙，也不是最好的人参。

风格的芬芳

在南部六龟的深山里，有一种野生茶，近年已成为茶界乐道的茶。

野生茶，听说已生长百余年的时间，是日据时代或是清朝种在深山里而被人遗忘的茶树，由于多年未采摘，长到有一层楼高。

野生茶的神奇就在于每一棵的茶味都不一样，有独特的风格。例如，一棵有蜂蜜的味道，一棵有牛乳的味道，一棵有莲花香，这不是加味，是自然在茶叶中长成的。

因此，采野生茶的人要带许多小袋子，每一棵茶树采的装一袋，烘焙时也要每一棵分开，手工精制。这样费时费力做出来的茶，自然是价昂难求，有时有钱也买不到。

我在朋友家品尝野生茶，果然，每一棵都很不一样。我最喜欢带有莲花香的那一棵，喝的时候一直在寻思，为什么茶叶会自然长出莲花的香味呢？为什么每一棵茶的味道都会自不同呢？

我想，一棵茶树在天地间成长壮大，在时空中屹立久了，自然会形成一种独特的风格。这风格不会妨碍它做一棵平常的茶树，但却有与一切茶树完全不同的芬芳。人也是如此，处于法味久了，自然形成风格，这风格不会使他异于常人，但会使他在人间散放不同的芳香。

寒天饮茶知味在

与懂茶的人喝茶，有时候也挺累人，因为到后来，只是在谈对于茶的心得，很少真的用心喝茶，用的都是舌头。

有一天，一位素来被认为会喝茶的朋友来访，我边泡茶边说：“今天我们可不可以完全不谈茶的心得，只喝茶？”

朋友呆住了，说：“我光喝茶，不谈茶，会很难过的。”

我说：“我们过于讲究茶道而喝茶，会忘记喝茶最根本的意义。喝茶，第一是要解渴，第二是兴趣，第三是有好心情，第四是有好朋友来，对茶的研究反而是最末节的了。”

然后，我们坐下来，喝茶！

那时候觉得赵州的“吃茶去”讲得真好。

雪夜观灯知风在，寒天饮茶知味在。除了专心喝茶，我们并不做什么。喝了几盏茶之后，朋友说：“今天真好，我现在知道茶不是用舌头喝的了。”

我想起法眼文益禅师被一位学生问：“师父，什么是人生之道？”

他说：“第一是叫你去行，第二也是叫你去行。”

是的，什么是饮茶之道？第一是叫你去喝，第二也是叫你去喝。

什么是佛法之道？第一是叫你去实践，第二也是叫你去实践。

“有没有第三呢？”朋友说。

“有的，第三是叫你行过了放下！”

这金黄色的茶汤呀！这人生之河的苦汁呀！这中边皆甜的法味呀！

一味万味，味味一味。

喝时生具心，喝完时应无所住，如是如是。